6188.
I.d.1.

6 francs par an.

LA
MUSE DES FAMILLES

JOURNAL MENSUEL ECRIT TOUT EN VERS INEDITS

PUBLIÉ SOUS LES AUSPICES DU CLERGÉ

Par Claudius FRAMINET.

J'étonnerais bien ceux qui, dans leur ignorance de notre histoire, ne nous connaissent, que par notre industrie, si j'énumérais tous les poètes que Lyon a produits depuis Louise Labé jusqu'à nos jours ..
... Quand nous voyons autour de nous s'étendre le dédain et l'abandon des choses de l'esprit, n'avons-nous pas à regretter même le bel esprit et les petits vers du XVIIIe siècle?

Francisque Bouillier
Discours prononcé à l'Académie de Lyon, le 3 février 1857.

Le meilleur moyen de faire connaître cette publication, c'est assurément de citer les adhésions qui lui ont été adressées.

En voici quelques-unes :

Nous avons lu avec beaucoup d'intérêt LA MUSE DES FAMILLES. Le succès de cette œuvre poétique, morale et religieuse ne peut être douteux, et nous réjouit d'autant plus qu'il doit être utile à la gloire de Dieu et au bien des familles. Nous ne perdrons donc aucune occasion de recommander cette publication et de féliciter ses lecteurs.

J. Beaujolin, vicaire général.
Lyon, 17 février 1857.

J'ai lu avec un vif intérêt la publication mensuelle qui a pour titre : La Muse des Familles. Cette œuvre se distingue par la beauté de la versification, l'élévation des pensées et la pureté de la morale.
Pégourié,
Inspecteurs des cours spéciaux et des écoles communales laïques de Lyon
19 février 1857

....Un journal en vers inédits, et cela à Lyon, au plus fort de ce remue-ménage de moellons, de ce luxe vampire qui force chacun à courber la tête devant le veau d'or, c'est la une tentative dont la témérité nous plaît, et que nous tiendrons à honneur d'encourager. Ces jeunes inspirés, dont les rangs grossissent à mesure que le siècle crie plus fort : *la poésie est morte*, appartiennent tous, et nous les en félicitons, à l'école catholique. Tous ont compris Châteaubriand, cet Horace du christianisme ; tous ont compris que la foi est la source vraie du beau, et prennent leur vol vers les régions dégagées du souffle des passions terrestres.
Nous ne saurions trop vivement souhaiter à la Muse des Familles, qui, dès le début, justifie si bien son titre par ses tendances religieuses et morales, un succès durable, et qui donne au prosaïsme de notre époque un complet démenti. *Gazette de Lyon*, 25 février 1857.

Nous pourrions prolonger nos citations, mais celles-ci sont assez concluantes et nous paraissent de nature à éclairer suffisamment l'opinion.

Écrire à M. Framinet, directeur, rue Godefroy, 2, Lyon, pour tout ce qui concerne, soit l'administration, soit la rédaction.

FRAMINET.

On est prié de ne pas égarer ce prospectus qui doit être recueilli par le voyageur

FRAMINET Éditeur, rue Godefroy, 2, Lyon.

MÉTHODE EXPÉDITIVE DE LECTURE.

Méthode entièrement neuve, qui se recommande aux parents et aux instituteurs par l'ordre logique, générateur et progressif de ses éléments, la marche simple et pratique de ses nombreux exercices, et surtout par les progrès rapides constatés par toutes les personnes qui en ont fait l'application.

3ᵉ Édition : 30 centimes.

Méthode expéditive de lecture, six tableaux, collés sur carton, 1 fr. 50.

Les *Leçons de civilité données par une mère*, font suite à la *Méthode expéditive de lecture* et la complètent.

LEÇONS DE CIVILITÉ

DONNÉES PAR UNE MÈRE,

60 centimes.

Ouvrage recommandé par LL. GG. NN. SS. l'archevêque de Toulouse, l'évêque de Troye et M. Cattet, vicaire général de l'Archevêché de Lyon.

Ce livre est un petit drame de la vie intime ; l'héroïne, jeune veuve toute préoccupée de l'éducation de son fils et de sa fille, profite de tous les moments de la journée pour leur faire remarquer ce que leur conduite et celle des gens qui les entourent ont de contraire aux usages du monde et à la charité chrétienne. On trouve là toutes les règles de la civilité, tantôt en action, tantôt en conversation, tantôt en leçons, toujours avec variété, à propos et convenance.

ARITHMÉTIQUE

DES ECOLES DE LYON

DÉDIÉE A LA

SOCIÉTÉ D'INSTRUCTION PRIMAIRE DU RHONE,

Et adoptée par elle pour ses cinquante écoles des deux sexes

TRAITÉ COMPLET, DIVISÉ EN TROIS COURS,

NOUVELLE ÉDITION,

Partie de l'Élève, 1 fr. 50 ; partie du Maître, 2 fr

Ces cours se vendent séparément : 50, 60 et 70 cent. Le Manuel du Maître subit une augmentation de 10 cent par cours.

EN VENTE :

LYON, A. BRUN et Cᵉ, libraires de l'Académie et des Ecoles
PARIS, LAROUSSE et BOYER, rue Saint-André-des-Arts, 49

Lyon —Imp d'Aimé Vingtrinier

LYON
IMPRIMERIE D'AIME VINGTRINIER
Quai Saint Antoine, 36.
1857.

LA
MUSE DES FAMILLES.

AU POÈTE REBOUL.

Plus d'une jeune Muse, aux poétiques rives,
   Les cheveux parés d'une fleur,
   Charme, éblouit par sa fraîcheur,
Par sa taille élégante et ses grâces naïves.

Cœur, raison, jugement, esprit, même pudeur
    Ne se rencontrent point en elle ;
    Elle est heureuse d'être belle ;
C'est là son idéal, son rêve de bonheur.

La tienne, ô grand poète, est moins douce et moins
                                           [tendre,
    Sa parure est la vérité ;
    Elle plaît par sa gravité ;
Celui qui l'entendit voudrait toujours l'entendre.

La vierge au cœur naïf peut écouter ses sons
    Sans avoir l'oreille blessée ;
    Chacun d'eux est une pensée
Où le chrétien reçoit de sublimes leçons.

Poursuis tes nobles chants, montre à la multitude
    Ce que la factice beauté
    De notre siècle trop vanté
Sous ses vains oripeaux cache de turpitude.

Des pensers de nos jours ton front n'a point encor,
    Reboul, reflété la souillure ;
    Ta Muse, dédaigneuse et pure,
Ne s'agenouille pas à l'autel du veau d'or

La foule échevelée autour de lui s'élance,
    Alors, nouveau Moïse, toi,
    Brisant les tables de la loi,
De ce culte nouveau tu maudis l'indécence.

Tu vas au mont sacré toi-même te bannir.
  Puisse la foule trop légère
  Frémir sous ta sainte colère
Et préparer au monde un meilleur avenir.

Sophie BALLYAT.

LE DON DES LARMES.

Du Christ une larme bénie
Sur l'homme ingrat tombée un jour
Fut par les anges recueillie
Et portée au divin séjour

De cette perle sans pareille,
Le Seigneur d'un souffle créa
Un séraphin, chaste merveille,
Dont le doux nom fut Eloa

De cet ange né d'une larme,
O femmes ! vous êtes les sœurs...
Pour vous douer d'un tendre charme,
Le ciel vous fit le don des pleurs.

Pour rafraîchir le cœur aride
De l'homme ici-bas malheureux
Dieu cacha dans votre œil limpide
Une source aux flots amoureux

Pour laver toutes les blessures
Et guérir toutes les douleurs,
Il transforma vos larmes pures
En dictames réparateurs....

Aussi, beaux anges de la terre,
Vos pleurs s'empressent de couler
Partout où s'offre une misère,
Une infortune à consoler.

Comme aux diamants de l'aurore
S'ouvrent les languissantes fleurs,
L'âme qu'un mal secret dévore
S'ouvre aux doux trésors de vos pleurs.

Vos larmes du cœur sont la pluie,
Et l'Espoir, colombe du ciel,
Dans cette onde qui purifie
Ravive ses ailes de miel.

En vous, la pitié, la tendresse
Jamais ne sauraient sommeiller...
Femmes, voilà pourquoi sans cesse
Vos yeux sont prêts à se mouiller ..

Ah ! que la joie et ses délires
Vous prêtent d'attraits enchanteurs !
Mais, que plus doux sont vos sourires
Lorsqu'ils sont humides de pleurs ! .

Gabriel Monavon

LA JEUNESSE.

Jeunes filles, ô vous qui dansez si joyeuses,
Qui de grâce et d'éclat luttez avec les fleurs,
Qui faites voltiger vos ceintures soyeuses,
Vous n'aurez pas toujours de si fraîches couleurs

Hélas ! un jour viendra qu'elles seront fanées,
Ces lèvres de corail où le sourire éclot,
Que les robes de bal seront abandonnées,
Que des maux de la vie écherra votre lot

L'une avec des enfants sera dans la détresse,
L'autre avec un époux en d'éternels discords ;
Celle-ci gémira d'être seule et maîtresse ;
Celle-là sentira les souffrances du corps.

Puis s'ouvrira la tombe... Adieu parure et fête ;
Adieu tout ! .. Mais pourquoi penser à l'avenir ?
C'est pour vivre gaîment que la jeunesse est faite.
Croyez que le bonheur ne doit jamais finir.

Philibert Le Duc.

LA GLOIRE

Rura amem.
Virgile.

Enfant, voici la Nuit ; sous l'azur de ses voiles
Son front pur s'illumine, au reflet des étoiles,
    D'une molle clarté ;
L'abeille en butinant n'effleure plus la rose,
Et, lasse d'enfanter, la Nature repose
    Dans sa sérénité.

Nous aimons, quand du jour les ardeurs sont tombées,
Abréger, en causant, les heures dérobées
  A l'oubli du sommeil,
Tant la fraîcheur du soir plaît à l'âme ravie,
Tant il est doux aussi de revivre sa vie
  Soleil après soleil.

Tandis qu'autour de nous la nature éternelle
Berce amoureusement, de sa main maternelle,
  Les mondes endormis,
Vers ce banc du jardin où s'asseyait ton père
Viens et nous causerons de l'avenir prospère
  A tes rêves promis.

A quelque ardent amour ton âme s'est ouverte ;
Est-ce pour la nature et la campagne verte ?
  Et la brise et les fleurs ?
En vain autour de nous la campagne est riante,
Vers un autre horizon ton esprit s'oriente
  Et tes vœux vont ailleurs.

Ce n'est point la Beauté non plus qui te révèle
Les parfums éloignés d'une plage nouvelle
  Et de célestes ports ;
Le ciel sourit en vain dans les regards d'Elvire,
Ton cœur indifférent aux grâces d'un sourire,
  Couve d'autres transports

Ta lèvre n'a qu'un nom, ton esprit n'a qu'un rêve,
La Gloire, entre ses bras, en jouant te soulève,
  Ton désir touche aux cieux.
Cet arbre dont les fruits sont honneur et martyre
Exhale autour de nous un parfum qui t'attire
  Et te rend soucieux.

Je t'ai compris hier ; nos paisibles vallées
Retentissaient des voix aux fanfares mêlées
  Et des pas de chevaux ;
Les soldats, en marchant, de fleurs paraient leurs armes,
Et de leurs frères morts racontaient, non sans larmes,
  Les glorieux travaux

Ne me le cache point ; j'ai senti ton cœur battre,
J'ai vu d'un noble orgueil rougir ton front d'albâtre
  Et s'embraser tes yeux ;
Ton silence éloquent semblait dire : ô Mémoire !
N'accorderas-tu point un peu de cette gloire
  Au nom de mes aïeux ?

C'est bien, c'est généreux, ce noble élan t'honore ;
J'ai frémi comme toi, quand j'étais jeune encore,
  A de mâles accents ;
Les naïfs confidents de mes rêves étranges
Remplissaient à l'envi la coupe de louanges
  Où s'enivraient mes sens

Nous refaisions Platon, Epictète et Socrate,
Nous dépensions ainsi dans une tâche ingrate
  D'inutiles efforts ;
Enfants présomptueux, séraphins moins les ailes,
Nous voulions, au banquet des vertus immortelles,
  Rompre le pain des forts.

Être de ceux enfin de qui la renommée
Semble apporter sans cesse à l'histoire affamée
  Un nouvel aliment ;
Bronzes restés debout sur les débris des Romes
Et qui s'offrent encore aux yeux surpris des hommes,
  Comme un enseignement

C'est un sujet d'orgueil, dans ce monde qui croule,
D'avoir un souvenir, au milieu de la foule,
    Gravé profondément.
Et de s'incorporer à la pensée humaine
Comme l'étoile d'or, dans cette nuit sereine,
    A ce bleu firmament.

L'aigle élargit son vol et va chercher les cîmes
Que de buts glorieux pour ces âmes sublimes
    Qui n'ont pas craint d'oser,
Et qui, dans le labeur où leur âme s'attache,
Ont attendu la mort, seule fin de leur tâche,
    Pour s'aller reposer !

Mais, ô jeune lutteur, la main de Dieu, sans doute,
Contre ces deux géants : la Douleur et le Doute,
    Viendra te soutenir,
Et tu soulèveras, en arrivant au terme,
Avec ses gonds rouillés la porte que Dieu ferme
    Sur notre souvenir

Hélas ! quand sonnera l'heure où s'évanouissent
Ces fleurs qu'un jour vit naître et qui s'épanouissent
    Dans ton jeune cerveau,
Quand tu viendras ici t'asseoir, penseur plus blême,
Pour résoudre à la fin ce ténébreux problème
    Agité de nouveau ;

Ces conseils dont il faut que ton cœur se souvienne
Et cette voix de Dieu plus forte que la mienne
    Un jour te frapperont,
Et tu n'attendras pas à ton dixième lustre
Pour écarter le poids de la tiare illustre
    Qui meurtrira ton front

Va, la gloire est partout où le devoir réside ;
Dans ses prudents conseils Dieu lui-même préside
    Au choix de ses élus,
Et, quel que soit l'éclat que laisse une mémoire,
Mes yeux sont impuissants à trouver de la gloire
    Où le devoir n'est plus.

Ne crains pas le silence et l'oubli de la tombe.
De l'arche de Noé jadis une colombe
    Vers le ciel s'envola :
L'âme aussi prend son vol et vers les cieux s'élance ;
Le ciel est à l'oubli, la gloire est au silence,
    Et, pour nous, tout est là.

                    J. E. BEAUVERIE.

LA HARPE DE DAVID.

La harpe de David gisait abandonnée,
Le Prophète fuyait, poursuivi par son fils,
Et, cependant, au soir d'une longue journée,
Ces mots vinrent frapper l'écho des vieux parvis :

— La rose de Saron s'est flétrie avant l'heure,
    Son doux parfum s'est envolé ;
Le deuil et les sanglots habitent ma demeure,
    Je ne puis être consolé.

J'étais fier et superbe et, sous mes pas, la terre
    Tremblait d'un saint frémissement ;
Quand mon coursier passait on redoutait la guerre
    De l'orient à l'occident.

Les sages prosternés retenaient ma parole,
　　Les puissants demandaient ma loi ;
Ma présence attirait cette jeunesse folle
　　Qui se disperse devant moi

Je suis courbé, flétri comme l'herbe légère
　　Que le vent pousse en son chemin ;
Je suis comme le faon que tient une panthère
　　Rugissant d'audace et de faim ! —

　　Une voix répondit : — Silence !
　　L'homme né faible doit mourir.
　　Pourtant il dit dans sa démence :
　　Que Dieu m'empêche de périr !
　　Et Dieu doit prendre son tonnerre,
　　Renverser l'ordre des destins,
　　Arrêter le ciel et la terre
　　Pour plaire à des enfants mutins

　　Qu'a gagné le maître du monde
　　A sauver ainsi les méchants ?
　　Leur haine est-elle moins profonde ?
　　Et leurs crimes sont-ils moins grands ?
　　Le Seigneur l'a dit, il le jure,
　　Il rentrera dans son repos.
　　Qu'importe au bien de la nature
　　Qu'on soit vil esclave ou héros ? —

La harpe de David alors se fit entendre,
Tout Sion tressaillit à ce son si connu,
　　Et le Cédron parut comprendre
　　Que son maître était revenu.

« Un rameau sortira d'une tige flétrie,
La gloire de Jessé couvrira l'univers ;
Un enfant vient briser le joug de la patrie
    Et ravir leur proie aux enfers.

Le sein qui l'a porté sera percé d'un glaive,
Le souffle du désert disperse ses amis,
Sur un trône sanglant je le vois qui s'élève
    Et le monde entier est soumis »

Et quand vint le matin le peuple en foule immense
Ecoutant prosterné ces chants mystérieux
    Entendit le mot : espérance !
    Qui semblait descendre des cieux.

A. Vingtrinier.

LE NOMADE

SONNET

Fils des vieilles tribus, je pars avec ma flèche
Poursuivre le lion et chasser le chamois.
Au désert j'ai dressé ma tente, et dans la crèche
Le lait de la chamelle a jailli sous mes doigts

Aux bords des grandes mers avant le soir je pêche ;
Je baigne mon corps las aux vagues des détroits ;
Et puis sur ma cavale ardente, alerte et fraîche,
Je m'élance et franchis les ravins et les bois.

Quand le simoun brûlant roule avec la tempête,
J'abrite sous le sable et mon front et sa tête,
Et le vent de mort passe, et nous voilà debout !

L'étranger ne met pas le pied sur mon rivage ;
Je suis libre ; jamais je n'ai vu l'esclavage ;
Et le regard de Dieu m'accompagne partout.

Bouclier

ENFANT, AIMES-TU BIEN..?

Enfant, aimes-tu bien ce père et cette mère
Entourant ton berceau, te pressant sur leur sein,
Epiant un sourire à ta lèvre si chère,
Sans cesse, jour et nuit, baisant ta blanche main ?

Enfant, aimes-tu bien ce père et cette mère
Suivant tes premiers pas avec anxiété,
Leur donnant au besoin un appui tutélaire,
Le front tout radieux d'une douce fierté ?

Enfant, aimes-tu bien ce père et cette mère
Te montrant, sur la bible aux brillantes couleurs,
De nos premiers parents le châtiment sévère,
Ou Jésus dans le temple au milieu des Docteurs ?

Enfant, aimes-tu bien ce père et cette mère
Adorant avec toi le nom du roi des cieux,
T'apprenant à bénir la voix du presbytère,
Et te rendant docile à ses avis pieux ?

Enfant, aimes-tu bien ce père et cette mère
Te cherchant de leurs yeux dans ces heureux essaims
Dont les cierges bénits flambent, avec mystère,
Pour la première fois à la table des saints ?

Enfant, aimes-tu bien ce père et cette mère
Ne sondant l'avenir toujours qu'avec effroi ;
Pour toi seul enviant les biens de cette terre,
S'oubliant tout à fait pour ne songer qu'à toi?

Enfant, aime donc bien ce père et cette mère
Dont tu fais le bonheur.. quelquefois le tourment,
Ces anges gardiens que Dieu mit sur la terre,
Pour entourer tes pas d'amour, de dévoûment

Chervin aîné.

SURSUM CORDA.

Un soir il s'en alla porter ses rêveries
Près du lac étendu dans le fond des prairies ;
Pauvre enfant ! tourmenté du secret de son cœur,
Il ne savait encore à quelle créature
Le demander. Tout seul, errant dans la nature,
Il disait à l'espace : Où donc est le bonheur ?

Le lac était limpide et les brumes lointaines
En voilaient les contours Déjà, couvrant les plaines,
Le silence et la nuit, comme un double rideau,
Laissaient traîner leurs plis, troués des mille mondes
Du ciel étincelant, qu'en les vagues profondes
On voyait réfléchir et trembler avec l'eau.

Regardant, incliné, sur les bords solitaires
Ces reflets miroitants des radieuses sphères,
Il oublia bientôt qu'ils n'étaient point réels!...
Il étendit la main Mais, dans l'onde troublée,
Il s'effaça soudain, et, l'image envolée,
Il regarda plus haut les astres éternels!

Arthur de Gravillon.

LE LIS ET LA VIOLETTE

Un lis, roi du vallon, sur sa tige élancée
    Se levait;
Un ruisseau, près de lui, dans la mousse humectée,
    S'enfuyait.

L'aurore embellissait son gracieux calice
    De ses pleurs,
Et l'humide cristal lui donnait sa prémice
    De fraîcheurs.

De loin on le voyait comme on voit une étoile
    Dans les cieux,
Quand la blanche nuée a soulevé son voile
    Nuageux.

Les zéphirs emportaient de son beau diadème
    Les parfums,
Et les Sylphes buvaient dans sa corolle même
    Uns à uns.

La violette auprès, sous un chêne superbe.
Dérobait
Ses pâles fleurs d'azur au sein touffu de l'herbe
Et disait :

Que le ciel soit béni ! si je suis bien moins belle
Que mon roi,
La tempête pour lui est aussi plus cruelle
Que pour moi.

Elle n'enviait pas ta robe éblouissante
De blancheur,
Tes étamines d'or et ta beauté brillante,
Roi des fleurs !

Comme un aigle géant, aux vastes ailes sombres,
L'ouragan
Paraît à l'horizon en déchainant les ombres
De son flanc

La rose, au lendemain, dans le parterre humide
Rougissait,
La violette, ouvrant sa paupière timide,
S'éveillait.

Le lis était tombé de sa tige tremblante,
Et sa fleur
Languissait, regrettant sa grâce ravissante
De splendeur.

Pour la dernière fois de ses pleurs la rosée
Le mouilla
Et des Sylphes en vain la joyeuse volée
Le chercha

Dans son obscur réduit, sous les touffes de l'herbe
          L'autre fleur
Préféra plus encore à la gloire superbe
          Le bonheur.

H B

Beaurepaire (Isère) 1856.

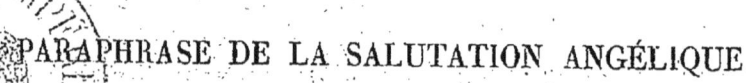

PARAPHRASE DE LA SALUTATION ANGÉLIQUE.

(AVE, MARIA).

Mère du Rédempteur! le chrétien qui vous prie,
Répétant le salut que l'ange Gabriel
    Jadis vous apporta du ciel,
Se prosterne à vos pieds, disant : *SALUT, MARIE!*

Vierge dont l'Esprit-Saint fut le divin époux!
Au sentier des vertus heureux qui suit vos traces,
    Car, vous êtes *pleine de grâces*
Et l'esprit du *Seigneur est* toujours avec vous.

2*

Votre cœur n'a brûlé que des plus saintes flammes ;
Dieu, le constant objet de votre unique amour.
    Dans votre sein reçut le jour,
Et *vous êtes bénie entre toutes les femmes*

Le serpent tentateur par vous sera puni,
Car votre fils vaincra les portes infernales.
    De vos *entrailles virginales*
JÉSUS, *le fruit* divin est à jamais *béni !*

Les malheureux humains, en butte à la souffrance,
Bonne et *Sainte Marie !* implorent vos faveurs.
    Priez pour nous, pauvres pécheurs.
Votre nom nous console et nous rend l'espérance.

Nul ne saurait périr, s'il a recours à vous.
Mère de notre Dieu ! puissante protectrice :
    En tout temps, soyez-nous propice ;
A l'heure de la mort intercédez pour nous !

Amen ! Et puissiez-vous, souveraine des Anges !
Guider nos pas tremblants au séjour des heureux,
    Où, par des cantiques joyeux,
La voix des Chérubins célèbre vos louanges !

CHARLES DEVERT.

A MA FILLEULE

MARIE-ELISABETH-JOSÉPHINE DE BALESTRIER.

    De l'éternelle rive,
    De la plaine des cieux,

Voyez, il nous arrive
Un hôte gracieux
De la cité des anges
Vers nous il prit l'essor....
Enveloppez de langes
Cet ange aux ailes d'or.

A l'aspect de la terre
Qui s'offre, à son regard,
Brumeuse, nue, austère,
Il va fuir sans retard.
Liez, liez les ailes
De ce bel étranger.
En des plages nouvelles
Il s'en vint voyager.

Tu te débats, tu pleures,
Petit être charmant,
Et tu passes les heures
A crier follement
Comme ta plainte est tendre !
Ami, cher inconnu,
Tu te fis bien attendre !
Ah ! sois le bienvenu

A loisir que je voie
Ce front limpide et pur,
Ces yeux où se déploie
Des nuits d'été l'azur
O ma colombe ! écoute :
Dis que tu vas rester ;

Au cœur trop il en coûte
Quand il faut se quitter.

Dis-moi, vas-tu reprendre
Les périls du chemin?
Ne peux-tu donc attendre
Au moins jusqu'à demain?
Attends, rien ne te presse
De quitter nos climats.
Vois, chacun te caresse:
Enfant, ne gémis pas

A ton père, à ta mère
Il semble, en ce beau jour,
O riante chimère!
T'embrasser, au retour
De quelque long voyage.
Dans un temps loin de nous
Ils virent ce visage
Si suave et si doux.

Permets que je dépose,
Afin de t'apaiser,
Sur ton sein une rose,
Et, de plus, un baiser
Sur ta si fraîche joue.
Beau petit séraphin,
Dis, veux-tu que je joue
Avec ton pied si fin?

O jeune fille d'Ève!
Objet de tant d'amour,

Tu vois briller en rêve
Le céleste séjour
Pour te plaire, ô chérie !
Et pour te consoler,
Du doux nom de Marie
Nous allons t'appeler.

Je le sais, voyageuse,
La région du ciel
N'était pas nuageuse,
Et de lait et de miel
Y coulait un long fleuve ;
Mais, enfin, que veux-tu ?
Dieu veut mettre à l'épreuve
Ton amour, ta vertu

Ici, du bien suprême
On goûte les douceurs,
Et comme au ciel on aime
Ses frères et ses sœurs
Dans nos yeux le sourire,
Le bonheur sur nos fronts,
Tout est là pour te dire :
Vierge, nous t'aimerons.

Tu seras de ta mère
Et la joie et l'orgueil
Dans cette vie amère,
De tristesse et de deuil,
Sera-t-elle en souffrance,
Elle te sourira,

Et soudain l'espérance
Dans son cœur renaîtra.

Ton père,' bon et tendre,
De son trésor est fier ;
Il me semble l'entendre :
Bel ange éclos hier,
O ma fille ! ô Marie !
Dans le champ des élus,
Là-haut, dans la patrie,
Est-ce qu'on t'aimait plus ?

Ce chant te plaît, te touche.
Des mots mystérieux
Ont coulé de ta bouche
De la langue des cieux
Je serai l'interprète ;
Tu dis : je resterai.
Oh, pour tous quelle fête !
Mère, n'est-il pas vrai ?

Belle et chère habitante
Des célestes lambris,
Là près, dresse ta tente,
Tes pavillons fleuris.
Dans cette hôtellerie,
Où l'homme un jour s'assied,
Sur la terre, ô Marie !
Pose ton joli pied.

O délices ! ô rêve !
Que ce spectacle est beau !

Vois, le soleil se lève.
Quel splendide flambeau !
Il monte, il monte encore.
Il s'abreuve des pleurs
De l'ineffable aurore ;
Il réjouit les fleurs

Vois le printemps renaître,
Les îles reverdir,
Les agneaux qui vont paître
Dans les sentiers bondir....
La nuit étend ses voiles...
Vois, dans le firmament,
La lune, les étoiles.
Oh, quel enchantement !

Entends-tu l'hirondelle ?
De sa plus douce voix,
Petite, elle t'appelle,
Perchée au haut des toits.
Avec elle converse,
Et dis-lui tes secrets,
Pendant que l'on te berce
Sous cet ombrage frais.

Riez, riez, filleule,
Aux lèvres de vermeil.
Dans les bras de l'aïeule
Prenez votre sommeil
Après votre doux somme,
Aimable nourrisson,

32

Vous aurez une pomme,
Un conte, une chanson

Vous voilà bien changée :
Vos larmes ont tari ;
Votre face affligée
A la fin a souri.
Heureuse en votre couche,
Dans vos joyeux élans,
Vous portez à la bouche
Vos petits souliers blancs

Eh ! vous faites la folle :
Vous riez aux éclats ;
Sur la moquette molle
Vous prenez vos ébats
Ardente est votre joue,
Et quand nous vous parlons,
Vous nous faites la moue
Soyez plus grave, allons

A vivre tout t'invite ;
Mais, les jours du berceau,
Enfant, s'écoulent vite.
Il vient un temps nouveau :
Alors l'orage gronde ;
Un vague ennui nous prend
Dans le désert du monde,
Et nous allons pleurant

Aux souffrances sois prête.
Hélas, si tu savais !

33

Pour un seul jour de fête,
Combien de jours mauvais !
Si plus tard, ô Marie !
Tes yeux avaient des pleurs,
Dans le silence prie
Pour calmer tes douleurs.

Du ciel, le Christ se penche,
Amoureux, languissant,
Pour voir ta robe blanche,
Et ton cœur innocent.
Gentille sœur que j'aime,
Ah ! préfère toujours
La robe du baptême
Aux plus brillants atours.

Ne va pas, mon cher ange,
Un jour, t'en dépouiller ;
Ne va pas, dans la fange,
La ternir, la souiller :
En allant dans la voie,
Relève les longs plis
De ta robe de soie,
Blanche à l'égal du lis.

Ah ! ta petite amante,
Ai-je dit au seigneur,
Si vive, si charmante,
Te gardera son cœur ;
A jamais elle est tienne,
Et tu peux la bénir,

J'ai promis, ô chrétienne !
C'est à toi de tenir.

Ne me rends point parjure
Fais-toi belle et grandis
Mais, avant tout, sois pure
Rose du paradis.
Sois aimable, sois sage ;
Que toujours la pudeur
Siége sur ton visage
Rayonnant de candeur.

D'une modeste grâce
Que ton front soit voilé.
Souvent tourne la face
Vers le ciel étoilé :
C'est la qu'est la patrie.
Là tu retourneras ;
De la Vierge Marie
Là t'attendent les bras.

Assise sur la mousse,
Dans les bocages verts,
Un jour, de ta voix douce,
Tu rediras ces vers.
Que ta belle paupière
Au ciel s'élève alors,
Et fais une prière
Pour prix de mes accords

Joseph CARSIGNOI

De Bourg Saint-Andeol, le 18 février 1857

CE QUI VAUT MIEUX

Nous sommes rois de la pensée
Nos noms remplissent l'univers.
Il n'est pas d'âme si blessée
Qui ne se ranime à nos vers ;
Nos crayons dispensent la gloire :
Nous donnons l'immortalité ;
Laure eut vu périr sa mémoire
Si Pétrarque n'avait chanté

Ainsi, disait un jour, assis sur le rivage,
Un poète attentif aux voix de l'avenir,
Dédaigneux du présent, bravant avec courage
    Les peines qu'un temps doit finir.

  Oh ! qu'il est doux d'être jolie !
  Que quinze ans donnent de bonheur !
  Que dites vous de la folie
  De ce poète, ce rêveur ?
  Être brillante, jeune et belle,
  Éveiller amour et dépit,
  Valent mieux que d'être immortelle
  A moi le monde où tout sourit.

Ainsi chantait au loin fillette au blond visage,
Rieuse et jouissant de son printemps doré.
Livrant aux fleurs, au vent, à la mer, à la plage.
    Son cœur de plaisir enivré.

  Jeune fille tu n'es pas sage,
  Rêveur tu n'es qu'un imprudent

Un jour peut flétrir ton visage,
L'avenir seul te rendra grand.
C'est moi qui suis le roi du monde,
Tout fléchit sous mon sceptre d'or :
Talent, gloire, esprit, brune ou blonde,
Qu'êtes vous devant mon trésor ?

Ainsi disait bien haut un roi de la finance.
Sur un char éclatant ses coursiers le trainaient
Et dans les flots poudreux qu'élevait l'opulence
Tous les peuples se prosternaient.

Jeune fille qui n'es que belle,
Riche qui n'as que des trésors,
Poète à la lyre immortelle,
Qu'ils sont petits tous vos efforts !
Un jour voit passer l'opulence,
Une heure détruit la beauté,
Quand un monde roule en silence
Que devient l'immortalité ?

Ainsi disait tout bas une voix prophétique,
C'était un bon vieillard au regard soucieux.
Les enfants l'écoutaient et, sous le chêne antique,
Le vieillard leur montrait les cieux.

A. VINGTRINIER.

A UN ENFANT.

Enfant ! sais-tu pourquoi je te regarde encor ?
Je ne m'arrête point au radieux visage
Où l'ange du seigneur réfléchit son image,
Où tes longs cheveux blonds roulent leurs tresses d'or ;

Non, je ne pense pas qu'un jour. . la triste mort
Fermera ces beaux yeux appesantis par l'âge,
Qu'en victime, vouée à l'éternel naufrage,
Tu verras sur l'écueil briser ton jeune essor ,

Ah! ce que j'aime en toi, ce que toujours j'admire,
Ce n'est point ta voix douce, et ce joli sourire,
Fleur où s'épanouit la bonté de ton cœur ;

Ce n'est pas ce front pur, diamant de l'enfance,
Qui retient mon regard par un charme vainqueur,
Ce qui plait à mon âme, oh! c'est ton innocence
Bouclier

SUR LA PREMIÈRE PAGE D'UN ALBUM.
SONNET IMPROMPTU.
A MADEMOISELLE C C

Eh quoi ! c'est à ma Muse, indulgente Camille,
Qu'ici du premier rang vous réservez l'honneur !
Sombre, morose, austère, à charmer inhabile,
Elle mérite peu cette aimable faveur.

Mais pour elle il est doux d'être à vos vœux docile ;
Au seuil de cet album elle accourt de grand cœur,
Soldat obscur, son poste est sous le péristyle :
Tel l'invalide au bas d'un palais d'Empereur.

Elle restera là, sentinelle au port d'armes,
Saluant les talents amis et plein de charmes,
Plumes, crayons, pinceaux, pour Camille empressés ;

Et si quelque œil jaloux, ou quelque main douteuse
Fait mine d'approcher, gardienne scrupuleuse :
Arrière ! criera-t-elle, on n'entre point ; passez !
Alexis C.

LA CHANSON DU FEUILLAGE

Je suis la riante couronne,
Le voile frais et parfumé
Dont le front des bois s'environne
Aux rayons du soleil de mai.

Je suis la verte chevelure
Qui, sur les branchages mouvants,
Se joue, ondoyante parure,
Aux caprices ailés des vents

Avec moins de charme et de grâce
Flottent, sur un cou virginal,
Les longues tresses où s'enlace
La fleur de l'hymen ou du bal

Dans mes roseaux, lyre sonore
Qui s'anime au souffle des airs
Les voix du soir et de l'aurore
S'exhalent en divins concerts

Qu'ils sont enchanteurs les murmures
Que je chuchote à petit bruit,
Alors qu'à travers les ramures
La brise voltige et s'enfuit !...

Non, Philomèle qui soupire
Sa romance au tomber du jour
Et dont chaque note respire
La mélancolie et l'amour,

Ne fait pas, à sa voix touchante
Vibrer de plus charmants échos
Que le rameau touffu qui chante
Au vent du soir avec les eaux.

Tantôt ces rumeurs étouffées,
Ces frémissements passagers
Rappellent la ronde des fées,
Ou le vol des sylphes légers;

Tantôt à l'oreille attentive,
On dirait le faible soupir
D'une ombre affligée et craintive
Qui sollicite un souvenir

Et quelle puissante harmonie
Sort des chênes ou des sapins
Balançant leur plainte infinie,
Pareille au bruit des flots lointains!

A ce roulis qui se prolonge
Et résonne avec majesté,
L'âme se recueille et se plonge
Dans des rêves d'immensité

Je suis le mobile feuillage
Qui, sur l'onde au limpide azur,
Jette ses mystères d'ombrage
Comme un voile sur un front pur

J'arrondis en voûtes discrètes
Les berceaux gracieux et frais,
Dômes riants, calmes retraites,
Vertes alcôves des forêts...

De ses pleurs l'aube printanière
Me verse l'humide trésor,
Perles d'argent que la lumière
Métamorphose en perles d'or.

Mol essaim, troupe blanche et douce,
Les songes d'or, sous mes arceaux,
Se bercent en des nids de mousse
A côté du nid des oiseaux.

De mes éventails de verdure
Pleut une sereine douceur,
Qui rend l'allégresse plus pure
Et moins amère la douleur.....

Et la divine poésie,
Manne enchanteresse du ciel,
En pures gouttes d'ambroisie,
Pend aux rameaux avec le miel!...

Au printemps, je suis d'un vert tendre;
L'été vient hâler ma couleur;
La pâle automne me fait prendre
Les mille tons de sa pâleur.....

Et l'hiver, de sa froide haleine,
Bien loin des bois découronnés,
Disperse et chasse dans la plaine
Mes débris errants et fanés.

Homme ! en moi tu trouves l'image
De ton éphémère destin.....
Ainsi qu'une oasis d'ombrage,
Ta vie est belle à son matin ;

Elle rit aux saisons fertiles.....
Puis viennent l'automne et l'hiver
Effeuillant ses rameaux débiles
Au sentier de débris couvert.....

Et la dernière feuille tombe
De la couronne de tes jours.....
C'en est fait !... le vent de la tombe
Te touche et t'abat pour toujours !.. ..

Ainsi l'homme, ainsi le feuillage
Jonchent ensemble le chemin,
Emportés au souffle de l'âge,
Hélas ! entre hier et demain !

Mais bientôt avril, à la terre,
Va rendre ses verts ornements,
Aux bois leurs tranquilles mystères,
Aux doux nids leurs abris charmants.. ..

Et de nouveau, sur la feuillée,
Mille reflets vont resplendir.....
Tandis que ta vie effeuillée,
O mortel ! ne peut reverdir !.....

Gabriel Monavon.

ELÉGIE A UNE PETITE FILLE DE TROIS ANS.

Vers toi, lorsqu'un matin, enfant de cette vie,
Je vis à tes côtés, sur l'herbette fleurie,
Ton frère Claudius jouer avec plaisir,
Toi, tu lui répondais d'un enfantin langage :
—Le jeudi, mon bon frère, est bien court pour notre âge,
Ainsi, profitons-en ; n'est-ce pas ton désir ?

Avec ton petit pied qu'un brodequin enlace,
Vif, alerte et léger, sautillant dans l'espace,
Tes blonds cheveux bouclés, tes yeux perlés d'azur,
Dans ta folle gaîté, riant de toutes choses,
Tu semblais un oiseau voltigeant sur les roses :
Tu goûtais le bonheur ! bonheur suave et pur

Puis, lorsque ton regard, ton ingénu sourire,
Montent jusques aux cieux vers le Dieu qui t'inspire,
Ton front est rayonnant d'ivresse et de bonheur,
Un pas a retenti ; c'est ta mère chérie,
N'écoutant que ta joie et ton âme attendrie
Tu voles, dans ses bras, te presser sur son cœur

Enfant, lorsque la nuit doucement tu reposes,
Que toujours ton berceau soit tapissé de roses,

Que le maître des cieux, ce divin Rédempteur,
Éloigne bien de toi la tempête et l'orage !
Que ton cœur soit heureux, c'est là le plus beau gage,
La richesse est bien peu, si la paix n'est au cœur.

Claudie, un souvenir pour celui, sur la terre
Qui, sur tes jeunes ans, fit une humble prière ;
Qui, du Dieu tout-puissant, roi de tout l'univers,
Implora les bienfaits et la sainte clémence,
Pour que tout soit prospère, en ta longue existence ;
C'est là tout son désir pour le fruit de ses vers.

Lucien Solary

LE CANARI ET LA FAUVETTE.

SOUVENIR DU PETIT SÉMINAIRE DE VALENCE

Ennuyé de l'infirmerie,
Monotone et triste séjour,
Où m'avait jeté l'autre jour
Une brutale maladie,
Voulant, par un premier essor,
Savoir si ma santé commençait à renaître ;
Je traversai le corridor,
Et d'un bras affaibli j'ouvris une fenêtre.
Là, pendant que l'air pur caressait mes cheveux,
Je vis avec plaisir la plaine verdoyante
Et le Rhône majestueux ;
Et, sur des toits lointains, la fumée ondoyante
Et le jardin délicieux
Étalant à mes pieds sa parure riante.

Là m'attendait une scène touchante :
   Un canari, gentil oiseau,
   Enlevé fort jeune à sa mère,
Vivait dans une cage aux murs du séminaire,
  Et répétait son refrain le plus beau.
    Une fauvette, plus timide,
    Vint s'abattre légèrement,
    Sur la feuillée encore humide
    Tout près du canari charmant.

— Oh ! mon frère, dit-elle en son joyeux langage,
    Quand elle le vit dans sa cage,
    Qu'il est malheureux ton destin !
    A quoi te sert ton beau plumage?
    A quoi te sert ton doux refrain?
Si tu ne peux goûter les parfums du jardin
    Et la fraîcheur du vert bocage ?

— Ma sœur, dit le captif, quand le jour j'ai sommeil
    Une main abrite ma tête
    Contre les ardeurs du soleil ;
    Et quand s'élève la tempête
    L'on me soustrait à sa fureur
    Je vois le ciel d'azur, ma sœur,
Je vois le beau vallon, la verdoyante plaine,
    Je vois là-bas la belle fleur,
    Et du zéphir la tiède haleine
    M'en apporte la douce odeur

    — Pour apaiser ta faim, mon frère,
    Tu n'as pas la graine légère
Qu'un soleil bienfaisant sur la plante a mûri ;

Pour te désaltérer tu n'as pas l'onde pure
Qui, sur un lit de mousse, à petits flots murmure.

— J'ai le soin d'un maître chéri,
Qui me donne toujours des grains, de la verdure,
    Et, dans le cristal transparent,
Pour me désaltérer verse une onde d'argent.

    — Tu ne peux pas dans, la prairie,
Aux habitants de l'air chanter tes beaux refrains,
    Ni voltiger dans les jardins
    Avec ta compagne chérie.

    — Quand je fais entendre ma voix,
    L'on m'écoute sous la fenêtre ;
    Et si tu réjouis les bois,
    Moi, j'aime à réjouir mon maître.

    — Mais, dans cette étroite prison
    Où l'on te tient dans l'esclavage,
    Tu froisses ton joli plumage,
    Tu ne changes point d'horizon

— Mais moi je ne crains rien, tandis que ta faiblesse,
Exposée aux dangers qui l'entourent sans cesse,
Peut être à chaque instant le jouet du trépas ;
    Partout l'ennemi te menace,
    Le vautour, l'aigle dans l'espace,
    Le chasseur . Il n'acheva pas ;
Car un certain Raton, animal domestique,
    Qui s'était glissé doucement
Sous l'arbuste où l'oiseau causait étourdiment,

Saute sur la pauvrette, et d'un seul coup de dent
  Met fin à cette polémique
  J'ouïs alors le Canari
Dire tout bas : On est moins à l'abri
  En liberté que sous un maître.

Je retins sa leçon et quittai la fenêtre.

Paul Dubois.

POUVOIR DE LA POESIE.

Pourquoi nous aimons les poètes,
O mes amis, le savez-vous ?
C'est qu'ils sont les vrais interprètes
Des sentiments puissants et doux.
Lorsque la voix du temps réclame
Pour le tombeau nos fronts courbés,
Eux seuls savent rendre à notre âme
Les biens qu'il nous a dérobés.

Pour que l'espoir en nous renaisse,
Sur le seuil même du tombeau,
Le soleil de notre jeunesse
Dans leurs chants reluit pur et beau,
Eclairant les routes fleuries
Où nous avons rêvé longtemps,.
Quand les aubépines flétries
Avaient huit jours et nous vingt ans.

Ils ont de suaves dictames
Pour tous les maux dont nous souffrons,

Ils savent consoler les âmes,
Ils savent relever les fronts ;
Du bonheur en qui l'homme espère
Ils sont les divins précureurs,
Car s'ils disent à Dieu : mon père !
Ils disent aux âmes : mes sœurs !

Hommes de labeur et de peine,
Ne méprisez pas les rêveurs :
Vos ruches de miel sont moins pleines
Et ce miel a moins de saveurs.
Que votre foyer les accueille ;
Ils vous aiment, aimez-les donc ;
C'est pour vous que leur main recueille
Tant d'espérance et de pardon.

C'est pour que, dans vos longues heures
De fatigues et de tourments,
Vous buviez aux sources meilleures
L'oubli des chagrins consumants ;
Quand des ennuis l'ombre éternelle
Sur votre front vient à passer,
Honorez la main fraternelle
Qui seule peut les disperser

Penché sur les sillons arides,
Le laboureur, quand midi vient,
Lève son front chargé de rides,
Regarde au ciel et se souvient.
Et si, dans les fraîches ramées,
S'éveillent quelques chants d'oiseaux,

L'espoir aux brises embaumées
Livre sa fatigue et ses maux.

Vous tous qui tracez dans la vie
Votre sillon mystérieux,
Que la main du poète essuie
Les pleurs échappés de vos yeux
Messager d'espoir, l'hirondelle
Garde ses chants pour les beaux jours,
Mais le poète, oiseau fidèle,
Chante pour tous, chante toujours.

J -Et. Beauverie.

Quis dabit mihi pennas ?

STANCES (1).

Par quelle inconséquence extrême,
Qui sert le démon à souhait,
Ne fait-on pas le bien qu'on aime
Et fait-on le mal que l'on hait !

(1) M. Emile Deschamps, le poete si pur et si harmonieux, le chantre de la famille et des joies saintes du foyer domestique, nous a envoyé, avec la pièce de vers que nous sommes si heureux de donner à nos lecteurs, une lettre aimable et charmante pleine de temoignages de sympathie pour la *Muse des Familles.* Cette lettre, dont nous detachons quelques passages, nous a rendus tout fiers. Ce n'est pas en vain qu'on se voit louer par un homme illustre La modestie a beau être grande, l'amour propre triomphe et l'orgueil

Ah ! misérable espèce humaine !
C'est, qu'avertis par la raison,
La passion pourtant nous mène
Jusque dans la froide saison

Et l'illusion nous enivre ;
On fait le vaillant et le fier ;
« Demain nous verrons à mieux vivre,
Aujourd'hui je suis tel qu'hier »

est tout prêt à montrer combien il est satisfait Qu'on nous pardonne cette faiblesse, elle tient à l'humanité

« . Mon domicile est à Versailles, nous écrit M Emile Deschamps mais, depuis un trop long temps, je suis retenu à Paris par une cruelle maladie . C'est du fond de mon lit et à grand'peine que je vous réponds ces lignes. — Mais votre si honorable et si aimable appel, et la juste renommée de la *Muse des Familles*, ne pouvaient me laisser froid et inerte.

« Malheureusement, il m'est impossible, dans mon état, de rien composer, et je ne puis que faire hommage à votre intéressant recueil des *Stances* que voici stances complètement inédites et qui devraient peut être rester telles ; mais je n'ai pas le choix et je n'ai pas d'autre chose à vous offrir

» Ce sont des vers bien sérieux, bien tristes même, mais ils ont été inspirés par le sentiment chrétien, et l'hospitalité peut leur être donnée à ce titre

« S'il en est ainsi, veuillez, Monsieur, tenir la main à l'exacte correction des épreuves ; c'est bien assez des fautes de l'auteur, et ma copie n'est pas très-nette je n'ai pas la force de la recopier »

Nous avons corrigé avec soin les épreuves. Nous étions trop reconnaissants de l'envoi de ces vers pour ne pas leur donner, avec la place d'honneur, la plus empressée et la plus scrupuleuse attention

(*Note de la rédaction*)

Et c'est ainsi que, d'heure en heure,
Ebloui d'un trompeur flambeau,
Sans s'être dit qu'il faut qu'on meure,
On arrive au bord du tombeau.

Alors, on se jette en arrière,
Effrayé du gouffre imprévu..
Mais il faut franchir la barrière,
Qu'on soit de force ou non pourvu

Hélas! les heures funéraires
Vont planant sur chaque foyer;
Vivons donc chaque jour, mes frères,
Comme si c'était le dernier

Préparons-nous au grand passage,
Et, pour cela, disons-nous bien:
« Le plus heureux est le plus sage,
Le plus sage est le vrai chrétien. »

En suivant, en servant l'Eglise,
Vivante image de Jésus,
Le plus indigent réalise
Des trésors que n'eut point Crésus

Observateur des lois prescrites
Par Dieu même aux cœurs ingénus,
Le plus humble aura des mérites
Aux philosophes inconnus.

Les chemins sont sûrs et faciles,
Pour qui marche aux rayons divins ;
Le ciel s'ouvre aux âmes dociles,
Mais vous, fameux esprits si vains !

Vous restez honteux à la porte,
Déplorant vos arts superflus,
Embarrassante et lourde escorte
Dans l'étroit sentier des élus.

Puissiez-vous, aux concours célestes,
Changer tous vos talents maudits
Contre une des vertus modestes,
Mystiques fleurs du Paradis..

Béni soit le souverain Père,
Qui confond l'orgueil factieux,
Et qui veut que le simple espère
Une couronne dans les cieux !

Et maintenant que ma parole
A, devant le siècle, exhalté
Le Dieu qui frappe et qui console,
Et l'orthodoxe vérité,

Veuille enfin la Grâce suprême
Accorder à mes longs souhaits
Que je fasse le bien que j'aime
Et non plus le mal que je hais !

Emile DESCHAMPS

CHANT DE CYMODOCÉE.

(Imitation de Châteaubriand (*Les Martyrs*, livre XXIII).

Légers vaisseaux de l'Ausonie,
Glissez sur le cristal des mers ;
Doux zéphyrs, vers la Messénie.
Guidez la voile dans les airs ..
Près d'un époux et près d'un père,
Objets de vœux longtemps déçus,
Ramenez la fille d'Homère
Aux bords heureux du Pamisus.

Blancs oiseaux, dont le cou flexible
Se courbe en gracieux contours,
Qui fendez d'une aile paisible
L'azur rayonnant des beaux jours,
Volez au sommet de l'Ithome
Et dites à ses verts lauriers
Qu'un Dieu me ramène de Rome,
Sous leurs dômes hospitaliers.

Quand retrouverai-je la couche
Où se berçait mon pur sommeil,
Et ces prés tout en fleurs que touche
Du printemps le sceptre vermeil ?. .
Lieux charmants que, de son haleine,
Embellit l'aimable pudeur !....
Retraite adorée, encor pleine
Des souvenirs de mon bonheur !

Telle qu'au sein de la prairie,
Bondit gaîment, près des bergers,
La tendre génisse nourrie
Au son des chalumeaux légers ;
Ainsi j'étais heureuse et fière...
Aujourd'hui, parmi les regrets,
Je languis, triste et prisonnière,
Sur le lit glacé de Cérès !

Mais, hélas ! d'où vient que ma lyre
Rend de si douloureux accords?...
Je veux chanter..... ma voix soupire,
Pareille à la flûte des morts.....
Pourtant, une aube fortunée
Doit se lever sur mon destin,
Et, de la robe d'hyménée,
Les chastes plis couvrent mon sein.

De la tendresse maternelle
Mon cœur sentira les élans ;
Bientôt je verrai sous mon aile
Mon fils former ses pas tremblants...
Frêle oiseau ! Que jamais sa vie
Ne connaisse l'exil cruel,
Comme moi, colombe ravie
Aux douceurs du nid paternel !....

Quand pourrai-je suivre les traces
De mon père et de mon époux !....
Ah ! si j'implorais à genoux
Le chœur des Muses et des Grâces..

Mais non... j'outragerais les droits
D'un Dieu que je connais à peine ..
Adorons sa loi souveraine,
Et reposons-nous sur la croix!

Gabriel Monavon.

HYMNE A L'HOMME-DIEU.

Vrai fils de l'Eternel, plus ancien que les ans,
Dans le temps engendré, tu fus avant les temps.
Toi-même l'ouvrier, toi-même ton ouvrage,
Dans tes œuvres toujours tu gravas ton image.
Infini, tout-puissant, immuable, éternel,
Tu daignas te couvrir des langes d'un mortel.

Toi devant qui les cieux, les mers, la terre tremble,
Qui vois comme un néant tout l'univers ensemble,
Toi qui créas les temps et qui ne peux finir,
Toi que le monde entier ne saurait contenir,
Toi qui pouvais, d'un mot, réduire l'homme en poudre,
Tu laissas là, pour lui, ta grandeur et ta foudre

Tu laissas tes palais, tes anges radieux ;
Pour lui, tu déposas les éclairs de tes yeux,
Et, voilant de ton front l'éclatante lumière,
Tu devins faible enfant dans le sein d'une mère,
Et, d'une auguste vierge, un adorable flanc
Porta neuf mois un Dieu sous les traits d'un enfant.

O femme ! O Vierge-mère ! O mystère ineffable !
De grossiers animaux, dans une pauvre étable,

Ont frémi tout à coup de saints frémissements,
Et l'Enfant-Dieu naquit et ses vagissements,
Attestant que pour l'homme il s'offre, humble victime,
Ont fait rugir Satan au fond de son abîme,

Et les anges ravis, dans les splendeurs des cieux,
Accourent adorer leur Maître glorieux.
Le jour s'est écoulé : la nuit étend son voile,
Et les mages, suivant l'intelligente étoile,
Trouvent leur Dieu naissant au sein de la douleur,
Une mère en ses bras tenant son Créateur

Et l'astre, sur le toît s'inclinant en silence,
Adore son auteur ; puis, dans l'espace immense,
Va dire, en tressaillant, aux globes radieux
Qui, dans l'immensité, planent majestueux,
Qu'en un petit réduit d'une pâle planète,
Qu'agitent les autans, qu'insulte la tempête,
Leur pilote suprême a voilé sa grandeur,
Que d'une Créature est né le Créateur

Et les astres géants, dans la céleste voûte,
Chantent un hymne immense et suspendent leur route.
C'est toi qui, des forfaits dégageant les pécheurs,
Changes en saints pensers les monstres de leurs cœurs;
De la foi de tes saints tu pénètres l'impie,
Et dans les corps éteints tu fais rentrer la vie

Et les morts étonnés, au fond de leur tombeau,
Ont senti dans leurs flancs couler un sang nouveau.
Que ta foi dans mon cœur soit à ma dernière heure,
Homme-Dieu ! tu parus dans la sombre demeure;

Pour appeler les tiens au palais éternel :
Dans le règne des morts tu marchas immortel,

Et l'ange de la nuit, qui veillait là, sans trève.
Accourut sur tes pas en abaissant son glaive
Et saluant le roi du triomphe à venir
Tu nais sans commencer et tu meurs sans finir,
Secouant du tombeau les impuissantes chaînes,
Tu commandes au sang de rentrer dans tes veines !

Et le sang dans ta chair à ta voix a coulé,
Et d'effroi, devant toi, la Mort a reculé.
Puis, versant sur tes pas des fleuves de lumière.
Tu remontas aux cieux, à côté de ton Père ;
A celui qui t'engendre en sa divinité,
Seul égal, trois fois un, triple dans l'unité !

Besse des Larzes

ROME.

Fragment d'une satire inédite

Il est encore au monde une terre sacrée,
Au milieu de l'Europe, oasis égarée.
Turcaret et Jourdain lui préfèrent Paris,
Et l'honorent souvent d'un souverain mépris.
Le commis-voyageur et le touriste ignare
Imitent ces messieurs dans leur dédain barbare,
Mais je garde pour elle un sympathique amour,
Et je nourris l'espoir de la revoir un jour
O Rome, sans rivale, illustre dans le monde.

Nulle ville, après toi, n'est même la seconde (1) !
Si tu veux conserver tes titres au respect,
Chéris bien tes vieux murs et ton antique aspect.
Si le progrès vainqueur envahit ton enceinte,
S'il vient pour ricaner sur ta légende sainte,
Si jamais tes enfants, conduits par Mazzini,
Détrônent sans remords ton Pontife banni,
Tu verras aussitôt se briser ta couronne,
Et se ternir l'éclat dont chacun t'environne.
Ta colonne Trajane et sa superbe sœur
Laisseront s'échapper des flocons de vapeur,
Et l'affreux badigeon, sur ton grand Colisée,
Promènera partout son ignoble rosée
Le progrès, dédaignant les plaisirs de l'album,
Te débarrassera des restes du Forum ;
Sur la célèbre voie, aux grands dieux consacrée,
Il viendra déployer un luxe sans durée,
Et, pour voir élargir la place et le chemin,
Il fera niveler l'antique Palatin
Descendant, sans scrupule, au fond des catacombes,
Au milieu des martyrs et de leurs saintes tombes,
L'avide trafiquant récoltera des os,
Pour fabriquer du noir et le revendre en gros.
O Rome, si tu veux rester reine du monde,
Défends-toi du veau d'or et de son culte immonde ;
Ne va pas élever un temple à nos faux dieux,
Et garde ta couleur pour distraire nos yeux
Je serais désolé si ton apostasie
Eloignait de chez toi l'art et la poésie

(1) *Cui par est nihil et nihil secundum*. — Mart XII, 8 Frontin
a employé la même expression *In aquad* 88

Quand, parfois, la tristesse et ses obscurs brouillards
Passent sur mon esprit, je porte mes regards
Vers le brillant éclat de ta vieille auréole,
Et, dans tes souvenirs, mon âme se console

P. Saint-Olive

CE QUE DEVIENNENT LES LARMES

J'ai vu les gouttes d'eau que distillaient les sources
S'allonger et tomber au fond des creux béants,
Se former en ruisseaux et poursuivre leurs courses,
A chaque flots accrus, jusqu'aux grands Océans ;

Et puis, j'ai regardé, penché sur nos misères,
Abîme où tout gémit, sombre mer, ce long pleur
Qu'en brouillards condensés, jusqu'aux bords des pau-
Font monter lentement les étreintes du cœur ! [pières,

C'est d'un gouffre profond que surgissent les larmes,
Plus profond que la mer où vont les gouttes d'eau !
Mais, où roule, à son tour, ce flot de nos alarmes,
Dont les yeux éplorés emplissent tout tombeau ?

Ah ! sans doute, il faut bien que ces ondes amères,
Croissant à chaque jour, s'en aillent quelque part !
Toutes ne s'en vont point sous de funèbres pierres ;
Il faut un but lointain à leur triste départ.

Oui, depuis qu'ici-bas nous répandons nos peines,
Il en a tant coulé de pleurs silencieux,

Que l'on ne peut pas croire, en contemplant les plaines,
Que la terre eût tant bu, que rien n'en soit aux cieux !

Au soleil invisible, au souffle de quelque ange,
Nos pleureuses vapeurs montent incessamment...
Pour les laisser passer le nuage se range ;
Et leur houle attristée émeut le firmament !

C'est Dieu qui les attend, c'est lui qui les désire,
C'est lui qui les bénit, ces larmes de douleur,
Qui, parfois, éteignant nos grands éclats de rire,
Sont pour nous cependant le prix du vrai bonheur !

A les solliciter, à les pomper sans cesse,
Il passe ses instants et son éternité.
Il demande à chacun le sanglot qui l'oppresse,
Pour le cristalliser dans son immensité.

Pris d'une passion qui n'a plus de mesure,
Depuis qu'il a pleuré, pour tous les cœurs saignants,
Pour tous les dépouillés, proscrits de la nature,
Alchimiste éternel, il fait des diamants !

Arthur de Gravillon (1)

(1) Dans notre première livraison, une double erreur de composition a rendu inintelligible le sens d'une pièce de vers du même auteur, intitulée *Sursum corda*. Il nous prie de rétablir la strophe souffrante ainsi qu'il suit

    Regardant, incliné sur les bords solitaires,
    Ces reflets prolongés des radieuses sphères,
    Il oublia bientôt qu'ils n'étaient point réels ;
    Il étendit la main   mais, dans l'onde troublée,
    Tout s'effaça soudain, et, l'image envolée,
    Il contempla plus haut les astres éternels !

AIMER DIEU

Aimer Dieu, c'est donner tous ses soins à lui plaire :
C'est pratiquer ses lois, redouter sa colère ;
Remplir avec amour sa sainte volonté,
Et ne désespérer jamais de sa bonté ;
De ses nombreux bienfaits, c'est garder la mémoire ;
C'est n'avoir d'autre vœu, d'autre but que sa gloire ;
C'est rechercher sa grâce, invoquer son appui ;
C'est penser, c'est agir, c'est vivre selon lui ;
C'est, reportant à lui tout chagrin, toute joie,
Employer sagement le temps qu'il nous envoie ;
Et supporter les maux avec un cœur soumis..
Aimer Dieu, c'est aimer les pauvres, ses amis,
Et donner, en son nom, le denier de l'aumône.
C'est savoir pardonner, afin qu'il nous pardonne ;
C'est chercher, à toute heure, un homme à secourir,
Un faible à protéger, une larme à tarir..
C'est trouver son bonheur dans celui de ses frères ;
C'est savoir compatir à toutes les misères ;
C'est bannir de son cœur et l'envie et le fiel ;
C'est semer ici bas, pour récolter au ciel !

Charles Devert.

LA BONNE MÈRE

Vous sur qui veille ma tendresse,
O mes trésors, enfants chéris !
Autour de moi jouez sans cesse,
Votre âge est la saison des ris

Les doux moments de votre enfance
S'écouleront trop vîte, hélas !
Que longtemps votre insouciance
Se livre à de joyeux ébats !

Votre sort est digne d'envie.
Vos jours filés de soie et d'or ;
Les chagrins qui troublent la vie,
Ne vous assiégent pas encor

La candeur couvre de son voile
Vos fronts charmants et radieux ;
Brillante et pure est votre étoile,
Dans sa route à travers les cieux.

Pourquoi cette époque riante
Ne peut-elle toujours durer ?
Votre gaîté, parfois bruyante,
Devra plus tard se modérer.

A des jouets, l'heureuse enfance
Borne ses vœux et ses désirs ;
C'est sous l'abri de l'innocence
Qu'il faut chercher les vrais plaisirs

Pour voler de vos propres ailes,
Quelque jour vous nous quitterez ;
L'espoir, les craintes maternelles
Vous suivront, anges adorés !

Jusques là, partage avec nous
Tous nos plaisirs, toutes nos peines,
Et l'air que nos chaudes haleines,
Ont rendu si tiède et si doux

Ici, tu n'es point le profane
Qu'un jour notre code exila ;
Etends ton aile diaphane
Sur les vingt têtes que voilà !

Nous aurons pour toi l'ambroisie,
Les bosquets, les vallons charmants :
Il est vrai, tous ces agréments
Ne sont que fleurs de poésie !

Nous aurons l'ombrage du bois
Et le hêtre où le vent soupire ;
Mais, hélas ! tu tiens peu, je crois,
A ces bocages de Tityre.

Parmi les fleurs de l'oranger
Tu veux froler ton aile agile,
Et nous n'avons que dans Virgile
Les parfums, les fleurs du verger

Vois-tu la nymphe gracieuse,
A l'ombre fraîche de l'ormeau,
Ecoutant la chanson joyeuse
Et les doux sons du chalumeau ?

Vois-tu la plaine jaunissante?
L'abeille qui cherche son miel,
L'astre du soir qui brille au ciel?
Mais c'est Virgile encor qui chante!

Ah! si nos fleurs sont sans appas
Et nos ruisseaux sans onde fraîche.
L'autan, du moins, ne pourra pas
Te rouler comme la fleur sèche

Mais, de l'enfant vif et rieur
Tu dois éviter la malice ;
Ton aile semble un pur calice,
Il te prendrait pour une fleur

Vole, vole jusqu'à la voûte,
Vas y cacher ton beau vermeil,
Suis ce blanc rayon de soleil,
Qui vient pour te montrer la route.

Eh ! veux-tu connaître le lieu
Qui jusqu'en avril te réclame.
C'est l'étude de *Notre-Dame* (1),
Petit papillon du bon Dieu.

Paul Dubois

(1) Dénomination du Séminaire.

JURA ET MONT-D'OR.

De votre vieil ami vous blâmez le silence ;
Vous venez réclamer son poétique essor ?

Pour chanter, il lui faut les lieux de son enfance,
L'aspect riant, l'air pur des coteaux du Mont-d'Or.
  Car la terre
  Etrangère
 Un instant peut charmer ;
  Mais la lyre
  Ne s'inspire
 Qu'au lieu qui vit aimer.

Mon œil avec plaisir contemple les vallées,
Lorsque cent laboureurs, s'agitant à la fois,
Font crier la charrue, et que leurs voix mêlées
Hâtent leurs bœufs soumis à leur rustique voix.
  Une terre
  Etrangère
 Un instant peut charmer ;
  Mais la lyre
  Ne s'inspire
 Qu'au lieu qui vit aimer.

Sur la crête des monts, parfois, d'un pas rapide,
Je cherche les débris des castels et des tours,
Et l'ogive écroulée offre à mon œil avide
Le spectre du pouvoir régnant aux anciens jours.
  Oui, la terre
  Etrangère
 Un instant peut charmer ;
  Mais la lyre
  Ne s'inspire
 Qu'au lieu qui vit aimer.

La vaste cathédrale affrontant le nuage,
Charme bien moins mes yeux que ce clocher léger,

Dont la pointe sortant des chaumes du village,
Rappelle au pauvre un Dieu qui sait le protéger.
   Oui, la terre
   Etrangère
  Un instant peut charmer ;
   Mais la lyre
   Ne s'inspire
  Qu'au lieu qui vit aimer.

De l'Ain capricieux l'onde mélancolique
Murmure solitaire aux pieds des bois déserts ;
Et moi je viens m'asseoir sur la roche rustique,
Et de l'eau qui s'agite applaudir les concerts
   Oui, la terre
   Etrangère
  Un instant peut charmer ;
   Mais la lyre
   Ne s'inspire
  Qu'au lieu qui vit aimer.

J'écoute, le matin, la diligente abeille,
Autour des champs fleuris, vivement bourdonner ;
Du Dieu qui régla tout étonnante merveille,
Sur la fraîche esparcette elle court butiner
   Oui, la terre
   Etrangère
  Un instant peut charmer ;
   Mais la lyre
   Ne s'inspire
  Qu'au lieu qui vit aimer

Je regarde, le soir, la jeune fille agile :
Le cor rustique appelle, et, dès qu'elle l'entend,

Elle part du hameau, sur sa tête mobile,
Portant sa blanche crême au fruitier qui l'attend
        Oui, la terre
        Etrangère
    Un instant peut charmer ;
        Mais la lyre
        Ne s'inspire
Qu'au lieu qui vit aimer.

J'arpente les forêts : la noisette pendante,
La fine graminée unie aux fleurs des bois,
La framboise si douce et la fraise odorante,
Pour former un bouquet, ont su fixer mon choix
        Oui, la terre
        Etrangère
    Un instant peut charmer ;
        Mais la lyre
        Ne s'inspire
Qu'au lieu qui vit aimer.

Un crayon à la main, je parcours la prairie,
Me rappelant les jours qui me rendaient heureux ;
Je veux les retracer, mais la rime ennemie,
Loin des champs paternels, est rebelle à mes vœux.
        Oui, la terre
        Etrangère
    Un instant peut charmer ;
        Mais la lyre
        Ne s'inspire
Qu'au lieu qui vit aimer.

Bientôt des monts Jura la cîme blanchissante
Me dit d'abandonner mes champêtres loisirs :

Je m'apprête au départ avec l'âme contente :
On quitte sans regrets des lieux sans souvenirs.
   Oui, la terre
   Etrangère
  Un instant peut charmer ;
   Mais la lyre
   Ne s'inspire
  Qu'au lieu qui vit aimer.

Enfin je vous revois, et ma lyre vieillie
A retrouvé ses chants en revoyant ces bords ;
Mais, peindre l'amitié dont mon âme est remplie,
Fut toujours au-dessus de ses faibles accords.
   Oui, la terre
   Etrangère
  Un instant peut charmer ;
   Mais la lyre
   Ne s'inspire
  Qu'au lieu qui vit aimer

       Sophie BALLYAT.

SONNET (1)

Le roi le plus puissant parmi l'humanité,
Celui dont l'aspect seul soumet, impose, enchaîne,
Qui triomphe toujours et, qui, malgré la haine,
A plus d'adorateurs que la Divinité,

---

(1) Notre troisième livraison était sous presse lorsqu'il nous est arrivé une gracieuse lettre de M. Edouard Plouvier, qui répondait de la manière la plus bienveillante et la plus aimable à notre appel. Nous détachons de son épître les lignes suivantes, moins à cause des éloges qu'il donne à notre journal, que pour les nouvelles de la santé

C'est l'Or... Debout toujours son autel est resté.
Mais, dans le ciel de Dieu, la plus puissante reine,
Qui sèche toute larme et brise toute chaîne,
C'est l'épouse du Christ, c'est l'humble Charité.

Rois de l'or, soyez bons ! La porte de la tombe
Est basse. — En y passant, toute couronne tombe,
Entraînant avec elle une fausse grandeur.

Soyez bons, pour qu'au jour où l'arbitre du monde
Vous interrogera, la Charité réponde :
— C'est un de mes enfants, bénissez-le, Seigneur !

Edouard PLOUVIER.

de Mr Emile Deschamps, si souffrant le mois dernier, et en voie de complète guérison aujourd'hui

« ... Je vous prie d'abord d'accepter le sonnet ci-joint pour votre charmante publication Je vois, par les vers que je viens d'y lire, que je m'y trouverai en digne et bien flatteuse compagnie, et je vous remercie d'y avoir appelé ma modeste muse

« Je vous félicite d'avance sur votre publication des vers d'Emile Deschamps. C'est là un nom pur et glorieux, un poète des saints devoirs, qui peut mieux que tout autre tenir dans sa main la lyre de la *Muse des Familles*

« J'ai le plaisir de pouvoir vous rassurer un peu sur sa santé, il peut maintenant sortir, et il est même venu chez moi il y a deux jours. » . . . .

On le voit, si nous devons de la reconnaissance à M Plouvier, c'est autant pour sa prose que pour ses vers

(*Note de la rédaction*)

LE SCAPULAIRE.

I.

Suzanne, triste et désolée,
Quand sonna l'heure du départ,
Mena Pierre dans la vallée,
Vers une chapelle, à l'écart

Sous la voûte de la chapelle,
Dans le silence du saint lieu,
Elle lui dit : « L'honneur t'appelle ;
Adieu, mon brave Pierre, adieu.

« Mon fils, à ce moment suprême,
Recueille-toi, pour recevoir
Les conseils de celle qui t'aime
Il faut te quitter ; au revoir.

« Près de toi j'étais trop heureuse :
Ah ! je bénissais mon destin,
Quand, au son de ta voix joyeuse,
Je m'éveillais dès le matin

« L'avenir semblait si prospère !
Des moissons quand viendra le temps,
Quelle main aidera ton père,
Accablé d'ennui, chargé d'ans?

« En corsage d'or, nos abeilles
Ne cesseront de bourdonner
Ce refrain de deuil, sous les treilles :
A-t-il pu nous abandonner !

« Nos roses, pâles, desséchées,
Pendant les jours de ton exil,
Se diront entre elles, penchées :
Nous avons soif, où donc est-il?

« Ce soir, ah ! j'aurai beau t'attendre,
Sous le chalet silencieux :
Non, je ne pourrai plus t'entendre,
Ni voir tes traits si gracieux.

« Eh quoi, la torche des batailles
Viendrait dévorer, consumer
Ce tendre fruit de mes entrailles !
Non, non, j'ai tort de m'alarmer.

« Pierre, mourir !... Ah ! ce visage
A trop de charme, il est trop beau
Est-on fait, quand on a cet âge,
Pour s'endormir dans le tombeau ?

« J'ai beau t'admirer, mon cher Pierre,
De toi j'ai beau m'enorgueillir,
Ta beauté, dont je suis si fière,
Avant la saison peut pâlir.

« Que Notre-Dame t'aguerrisse
Ah! suis tes instincts généreux :
Sois un Machabée, un Maurice ;
Pars, je te bénis, sois heureux.

« Afin d'être brave, intrépide,
Et pour avoir le cœur vaillant,
Mets en oubli le lac limpide,
Ce ciel bleu, ce soleil brillant.

« Si tu veux revoir, mon cher Pierre,
Le toit qui t'a donné le jour,
Et de notre douce chaumière
Baiser le seuil à ton retour;

« Si tu veux revoir le village,
Quand tu quitteras le drapeau,
Et le clocher de l'hermitage,
Et les ruines du château ;

« Si tu veux respirer encore
L'air délicieux du pays,
Et, sur nos coteaux, à l'aurore,
T'enivrer du parfum des lis ;

« Si tu veux, dans notre cabane,
Nid solitaire dans les champs,
De ta bonne mère Suzanne
Entendre encore les doux chants,

« Reçois avec reconnaissance,
Au nom de la Reine des Cieux,
Ce talisman plein de puissance,
Ce bouclier mystérieux,

« Et porte cette égide sainte,
Ce scapulaire, jusqu'au jour
Où je viendrai, dans cette enceinte,
Bénir le ciel de ton retour.

« L'hirondelle de la chaumière,
Tous les ans, va chercher ailleurs
Plus de chaleur, plus de lumière,
Un ciel plus beau, des jours meilleurs

« Au cou de mon aimable hôtesse,
Sur le point de prendre l'essor,
Et d'aller visiter la Grèce,
J'attache un ruban, un fil d'or.

« Après la saison orageuse,
Et quand reverdit le hallier,
Si m'apparaît la voyageuse
Ornée encor de son collier,

« Dans mon transport, je dis : C'est elle !
Vers l'automne, elle s'envola ;
Mais au logis elle est fidèle,
Et la belle exilée est là

« A ton retour dans la patrie,
Si je vois briller à ton sein
L'écharpe sacrée et chérie
Qui fait le héros et le saint,

« Je m'écrirai : « C'est lui, c'est Pierre !
« Ce n'est pas un autre, c'est lui ;
« La mort peut clore ma paupière :
« Le plus beau de mes jours a lui

« Je le reconnais, c'est lui-même ;
« C'est ce Pierre au cœur innocent,
« Ce fils si vertueux que j'aime,
« Si pieux, si reconnaissant,

« Si respectueux et si tendre,
« Si plein d'amour pour le devoir,
« Si chrétien... A force d'attendre,
» Il m'est donné de le revoir.

« A son cou, plus blanc que le cygne,
» Le ruban céleste est noué ;
« Il a triomphé par ce signe,
« Dieu des combats, soyez loué »

II

Pierre s'agenouille, il s'incline,
Jusques aux larmes attendri,
Et Suzanne, sur la poitrine
De son fils, de son fils chéri,

Dépose un baiser de tendresse,
Et puis le haubert vénéré.
Cela fait, Pierre se redresse ;
Sur le missel ayant juré,

D'une voix émue, angélique,
De ne jamais se dépouiller
De la chère et sainte relique,
Et de ne jamais la souiller,

A regret il quitte la rive
Qui vient d'entendre le serment.
Fier de son trésor, il arrive
Sous le drapeau du régiment.

Tant que le soldat fut fidèle
Au culte qu'il avait juré,
Au don de la main maternelle,
A ce palladium sacré,

Il évita, prudent et sage,
Ainsi qu'autrefois dans les champs,
La lèpre du libertinage
Parmi la licence des camps

La femme inconnue, étrangère,
Se présente et livre combat.
Enjouée, adroite, légère,
A l'aimable et naïf soldat

Celui dont la guerrière audace
Brava le feu de l'ennemi,
Devant un regard plein de grâce
N'est plus courageux qu'à demi.

Il résiste pourtant encore,
Et contre ce mortel regard
Qui fascine, meurtrit, dévore,
Le scapulaire est un rempart.

Pierre, à la fin, las de la lutte,
Et poussé par l'ange maudit,
Auteur de la première chûte,
Prend le scapulaire et lui dit :

« Quand je brûle, toi, tu m'apaises,
O censeur, indiscret témoin !
Aimer, est-ce un mal ? Tu me pèses,
Tu me gênes, que n'es-tu loin !

« Oui, ta présence m'importune ;
Fais silence, ou parle plus bas.
Quelle n'est pas mon infortune !
Si j'osais !. mais je n'ose pas »

L'image n'était pas muette,
Bien haut elle élevait la voix :
« De moi tu détournes la tête !
Abaisse tes regards, et vois..

« De la Reine auguste et chérie
Vois les traits célestes pâlir
Qu'il est pur le front de Marie !
Pierre, oseras-tu le salir ?

« Quoi, la main d'une courtisane
Passerait sur ce front d'azur !
Crains le Seigneur, fils de Suzanne;
Résiste à la chair, reste pur.

« Auras-tu bien l'audace, Pierre,
De te souiller, et d'exposer,
Le don que te fit une mère
Au contact d'un impur baiser ! »

Voilà que Pierre est philosophe,
Pierre raille, il dit dans son cœur :
« Faut-il que ce lambeau d'étoffe
Soit un obstacle à mon bonheur ! »

A ces mots, la noble livrée,
Qu'une mère lui mit au cou,
A la flamme impie est livrée. .
Jouis, maintenant, pauvre fou.

Jours d'innocence et de jeunesse,
Jours de bonheur, temps enchanté,
Vieille foi, paix enchanteresse,
Hélas! de vous il n'est resté,

Dans le foyer, qu'un peu de cendre :
Rien n'est plus, et tout est détruit
O mère vertueuse et tendre !
De tes leçons voilà le fruit.

Pendant que pétille la flamme,
Pierre croit entendre ce cri,
Ce cri déchirant d'une femme :
« J'avais un fils, il a péri ! »

Pierre alla d'abîme en abîme :
Dans le sein de la volupté
S'éteignit son regard sublime,
Se flétrit sa mâle beauté.

Bientôt, languissant et débile,
Malade, il met les armes bas :
Il reprend du hameau tranquille
L'humble chemin à petits pas.

Déjà, du haut de la colline,
Parmi les églantiers fleuris,
Entre les festons d'aubépine,
Il voit les pénates chéris.

Il porte au cœur sa main tremblante ;
En lui s'éveille le remords ;
Il veut presser sa marche lente :
Peine inutile, vains efforts.

Il dit : « Charmant pays que j'aime,
J'éprouve un douloureux émoi :
Je te revois toujours le même ;
Non, tu n'as pas changé, mais moi !..

« Toujours limpide est ta cascade,
Toujours riant est ton moulin ;
Mais, moi, je suis vieux et malade,
Et d'angoisse mon cœur est plein

« Le reconnais-tu, ce visage ?
Tu me prends pour un étranger
Pourtant, que de fois, au jeune âge,
Je te foulai d'un pied léger ! »

Arrivé devant la chapelle,
Il s'étend là, sur l'escalier,
Alors une voix solennelle
S'élève à l'ombre du pilier :

« Quelles sont ces lèvres flétries
Qui m'implorent en ce moment ?
Qu'as-tu fait de mes armoiries,
Et qu'as-tu fait de ton serment ?

« De mon amour, de ma tendresse,
Je te vis rejeter le don..
O Pierre! ô Pierre! le temps presse :
Repens-toi, demande pardon. »

Faible et mourant, Pierre se traîne
Jusques à l'autel du saint lieu,
Jusqu'aux pieds de sa Souveraine ;
Il ne put que dire : mon Dieu!...

L'ingrat, l'insensé, le parjure,
Ne revit pas le vieil ormeau,
Qui des siècles brave l'injure,
Dans le carrefour du hameau ;

Il ne revit pas le treillage,
Où Suzanne, près du chalet,
Appendait, dans l'épais feuillage,
La quenouille et le chapelet ;

Il ne revit pas, l'infidèle,
Au mur rustique du moutier,
Le nid de la noire hirondelle,
Ni les fleurs du jaune violier.

O douleur cent fois plus amère !
Vers Pierre accourait à grands pas
Sa mère, sa tant bonne mère ;
Mais Pierre ne la revit pas.

Il avait une bien-aimée :
Quand elle vint, ce fut trop tard ;
Il eut la paupière fermée ;
Pour elle, il n'eut pas de regard.

Joseph CARSIGNOL

De Bourg-Saint-Andeol, le 19 avril 1857

LA VOIX DES BOIS

Je suis sœur de la poésie,
    Je suis un chant
        Touchant,
Tout un monde de fantaisie ;
    Je suis la voix
        Des bois !

Aux doux feux de l'aube rosée,
Je m'éveille parmi les fleurs,
Sous l'herbe pleine de rosée,
Sous les rameaux pleins de lueurs.
Je préside dans la verdure
A tous ces bruits capricieux,
Aux plaintes de l'eau qui murmure,
A mille échos harmonieux.

Je jette, au chasseur qui s'approche,
La fanfare du cor lointain ;
Aux chèvres gravissant la roche
J'attache un grelot argentin

Je prête au vent ses mélodies,
Aux feuilles de tendres frissons ;
J'apprends des roulades hardies
Au chanteur ailé des buissons

Dans mes cantates éternelles,
Je confonds cris, hennissements,
Bruits de pas attardés, bruits d'ailes,
Soupirs du cœur, bourdonnements.
Devant cette nature immense,
L'oiseau, le brin d'herbe, la fleur,
Tout chante, en sa reconnaissance,
Son hymne à Dieu, le créateur !

Je suis sœur de la poésie,
  Je suis un chant
   Touchant,
Tout un monde de fantaisie ;
  Je suis la voix
   Des bois.

Francis Tourte.

LA RÉSURRECTION DE JÉSUS-CHRIST

(Imité de la prose Immolatur Pascha novum)

Resurrexit, sicut dixit !

Voici l'agneau sacré de la Pâque nouvelle !
Un Dieu s'est immolé pour le monde infidèle,
Il nous a racheté de son sang précieux..

Sur l'enfer frémissant célébrons sa victoire ;
Que, pour chanter sa gloire,
S'unissent, en ce jour, et la terre et les cieux !

Oui, le Christ est vraiment le fils du Dieu suprême ;
Il a vaincu la mort par la mort elle-même ..
Fidèle à sa promesse, il est ressuscité
La tombe n'est pour lui qu'une faible barrière ;
Couronné de lumière,
Il en sort plein de vie et d'immortalité !

Que des Prétoriens la cohorte assemblée
Veille, autour de ce roc, sur la pierre scellée,
Qui du *Crucifié* renferme le cercueil ;
Mais, quand viendront les temps marqués par les oracles,
Renversant les obstacles,
Jésus déchirera le funèbre linceul.

Comme un nouveau Samson, plein de force, il s'élance ;
Des nombreux gardiens trompant la vigilance,
Celui qu'on croyait mort se lève du tombeau.
De ses vils détracteurs la honte est le partage ;
Les efforts de leur rage
Ne font que rendre encor son triomphe plus beau !

« Au supplice infamant qui pour lui se prépare,
« Qu'il échappe, criait une horde barbare
« S'il est le fils de Dieu, qu'il le prouve aujourd'hui ..
« Ne peut-il, invoquant le secours de son père,
     « Descendre du Calvaire ?.
« Qu'il montre sa puissance, et nous croirons en lui ! »

Eh bien! que ce pouvoir hautement se révèle .
S'il ne faut qu'un miracle, ô nation rebelle !
Pour soumettre à jamais ton incrédulité,
Récuse, si tu peux, une preuve éclatante ;
   Vois la mort frémissante
Interrompre ses lois pour la divinité !

L'Homme-Dieu s'est offert pour expier le crime ;
Il accepte la croix ; volontaire victime,
De l'infâme gibet, il ne descendra pas
Non...il fera bien plus ; il meurt, mais pour renaître...
   Terre ! voilà ton maitre !
Un Dieu seul peut sortir de la nuit du trépas.

Le Christ a triomphé.. sa gloire est infinie !
Naguère, on insultait sa cruelle agonie ;
On lui jetait l'opprobre et le défi moqueur...
Scribes et Pharisiens, race aveugle et perfide !
   Près du sépulcre vide,
Venez, la honte au front, rendre hommage au vainqueur.

Mais déjà par les siens il s'est fait reconnaître...
Aux disciples joyeux de le voir apparaître,
Il s'est manifesté par un signe certain.
Avant de les quitter, au terme de leur route,
   Pour dissiper leur doute,
Comme au jour de la *Cene*, il a rompu le pain.

Qui donc ne sentirait s'éveiller en son âme
Du saint amour de Dieu, la pure et vive flamme,
A l'aspect de Jésus, de gloire environné ?

Son corps est rayonnant d'une clarté brillante,
    Qui luit, étincelante,
A l'entour de ce front d'épines couronné!..

Tu l'as promis, Seigneur! notre corps périssable,
Que ta main a créé de limon et de sable,
A ton appel, un jour, du tombeau sortira;
L'âme retrouvera sa dépouille mortelle,
    A l'heure solennelle
Où devant toi, grand Dieu! le pécheur paraîtra!

Pour nous, faibles mortels, chaque pas cache un piége,
Mon Dieu! l'esprit du mal sans cesse nous assiége...
Impuissant contre toi, contre nous il est fort.
Sur l'océan du monde, en butte à maint orage,
    Menacés du naufrage,
Privés de ton appui, comment trouver le port?

Lorsque, fuyant l'Egypte à la voix de Moïse,
Les Hébreux s'avançaient vers la terre promise,
Vers l'heureux Chanaan, promis à leurs aïeux,
Ta colonne de feu guidait sa marche errante;
    La manne bienfaisante,
Par tes soins paternels, pour eux tombait des cieux.

Si la vie, ô Seigneur! du désert est l'image,
Fais briller à nos yeux, pendant notre voyage,
Du flambeau de la Foi la céleste clarté!
Qu'il nous guide, à travers les routes périlleuses,
    Aux demeures heureuses
Où ton trône est assis de toute éternité!

                    Charles Devert.

AUX JEUNES GENS.

La vie ouvre à vos yeux son immense horizon,
Quand vous avez quitté les salles du collége ;
Mais ne vous montre pas, sous les fleurs du gazon,
    Les périls et le piége.

Sans crainte écoutez-moi, vous êtes mes amis.
Je ne vous donne pas des conseils trop moroses :
Je veux que la jeunesse, en suivant mes avis,
    Récolte aussi des roses

Je sais tous les dangers des mille enchantements,
Des plaisirs sans raison et des folles journées ;
J'ai connu, comme vous, tous ces entrainements
    De vos jeunes années.

Celui qui veut trouver un appui protecteur
Donne à sa conscience un vrai pouvoir de juge,
Et contre le péril, dans l'esprit et le cœur,
    Se réserve un refuge.

Défiez-vous surtout du triste enseignement
Que puise la jeunesse au milieu du beau monde
Si vous y pénétrez, jetez à tout moment
    Votre prudente sonde

On s'y moque des droits du cœur et de l'esprit ;
La valeur d'un grand homme est celle d'un gant jaune.
Et la vanité seule, y gardant du crédit,
    Vous mesure à son aune.

Si vous voulez connaître un ignoble plaisir,
Regardez cette table, où le jeune homme imberbe,
En perdant ou gagnant, apprend à devenir
   Robert Macaire en herbe.

Le docile écolier, sur un autre terrain,
Du mensonge et du vol implorant la ressource,
Dans la poche d'autrui saura mettre sa main,
   Au tripot de la Bourse

Celui qui sait gagner n'est jamais un voleur,
Et, s'il veut conquérir le gros lot du quaterne.
Il devra déposer son esprit et son cœur
   Au fond de la caverne.

Le monde permet tout au voleur élégant ;
Si du veau d'or, un jour, il devient grand pontife,
C'est qu'il aura caché, sous la peau de son gant,
   Sa redoutable griffe.

O combien les mamans ont de bonnes raisons
D'habituer leurs fils à ce gant incommode,
Qui doit faire, dans peu, de leurs petits garçons,
   Des hommes à la mode !

Le bon genre ! voilà le parfait idéal,
Qui devrait gouverner les hommes sur la terre.
C'est le bien, le vrai beau, le principe moral
   De toute jeune mère.

Apprenez, mes amis, à devenir penseurs ;
Moquez-vous, chaque jour, du bon genre et du monde,
Et vous préserverez vos bons et nobles cœurs
    D'une atmosphère immonde.

P SAINT-OLIVE.

25 mars 1857

LES OEUFS DE PAQUES.

Oh ! mettez dans la cheminée
Vos blancs souliers, charmants petits lutins ;
  Pâques commence sa tournée,
En agitant ses grelots argentins.

  Après un somme d'une année,
  Pâques vient faire sa tournée,
    Sans lendemain.
Il accourt et, sur son passage,
Récompense l'enfant bien sage,
    Sur son chemin.
Que les méchants redoutent sa colère,
Car rien n'échappe à son ardent regard ;
Dans chaque cœur il plonge un œil sévère :
Il sait aussi punir, le bon vieillard !

  Ces jours derniers, Pâques fleuries
  Arrachaient aux vertes prairies
    Leurs arbrisseaux,
Paraient le fronton des églises,

Jonchant les vieilles voûtes grises
    De leurs rameaux.
Mais, aujourd'hui, c'est bien une autre affaire ;
Des blonds enfants le bon Pâque est l'ami,
Et, s'il punit quelquefois comme un père,
Il ne sait pas être bon à demi !

Il sait bien faire ses partages ;
  Le bon vieillard, pour tous les âges,
    A des cadeaux ;
  Il a mille choses gentilles,
  Des rubans pour les jeunes filles
    Et des gâteaux.
Mais, réservant ses faveurs les plus chères,
Il sait choisir, parmi tous ses élus,
L'enfant soumis qui fait bien ses prières
Et qui toujours pense à l'enfant Jésus.

Oh ! mettez dans la cheminée
Vos blancs souliers, charmants petits lutins ;
  Pâques commence sa tournée,
En agitant ses grelots argentins.

Alphonse Baralle.

TÉNOR ET PRIMA DONNA.

> Mai est venu dans les bleus
> espaces du ciel, on voit glisser
> les nuages roses
> Henri Heine.

I.

Enfin, l'hiver a fui ; les cœurs s'épanouissent ;
Le soleil a grandi ; les mauvais jours finissent !...

La brise, au vol léger, de son souffle odorant.
Incline les roseaux sur le lac transparent,
Où glisse comme un trait la joyeuse hirondelle,
Cette sœur du printemps, aussi rapide qu'elle...
Déjà les papillons, dans leur brillant essor,
Vont parsemant les airs d'argent, d'azur et d'or ;
Déjà va butinant, sur les roses vermeilles,
Le peuple travailleur des prudentes abeilles ;
Et les ruisseaux jaseurs, en soupirs cadencés,
Annoncent, en courant, les beaux jours commencés
Dieu merci, nos grands bois ont repris leur mystère !
C'est un vaste jardin, maintenant, que la terre :
Les prés sont émaillés de riantes couleurs,
Et, sous nos pieds, s'étend un doux tapis de fleurs.

Partons ; adieu Paris ! Il faut quitter la ville,
Les salons de Pleyel, ceux de Sainte-Cécile,
Nos salles d'*Opéra,* — car, sous les bosquets verts,
Nous appelle un chanteur qui, dans mille concerts
(Et sans se fatiguer), blotti dans l'aubépine,
Prodigue et jette au vent plus d'un ut de poitrine ..
Il faut aller revoir une chanteuse aussi,
Disant, là-bas, des airs qu'on n'entend pas ici ;
Chanteuse sans caprice, et qui, — c'est sa coutume,—
N'a jamais la migraine et pas le moindre rhume

Ce chanteur valeureux, qu'on ne saisit qu'au vol,
Ténor des plus légers, s'appelle Rossignol. .
Et la *Prima Donna,* charmante et point coquette,
— Mais, cependant, volage, — on la nomme Fauvette

II

Les airs qu'ils nous diront, où les ont-ils appris?..
De quelque professeur qu'on renomme à Paris?...

Ah! je peux l'affirmer, et vous pouvez m'en croire,
On n'apprend pas ces airs, non, au Conservatoire;
Ce sont, tout simplement, de simples chants des cieux;
La nature les fit, — et cela vaut bien mieux!...
Ces chansons-là, du moins, se passent de paroles,
S'envolent au hasard, libres, touchantes, folles,
Et jamais, — pour leurs airs, — ni *Lonlay*, ni *Guérin*,
Courcy, ni *Barateau* (1) n'ont écrit un refrain;
Il n'en est pas besoin!... Dans tout ce qu'il répète,
L'oiseau, mieux que nous tous, sans effort, est poète!..,
Et dans sa moindre note, au charme séducteur,
Mieux qu'*Arnaud*, qu'*Henrion* (2) il est compositeur!

Adieu donc à Paris! mettons-nous vite en route..
Déjà, chanteurs des bois, de loin, je vous écoute;
Le temps de vos concerts sera sitôt passé!..
Hélas! à mon retour, vos chants auront cessé!

Emile BARATEAU.

(1) Auteurs lyriques
(2) Musiciens

LE NOM DE MARIE.

Souvenir de la loterie de Notre-Dame-de-Fourvière.
Lyon, 1857.

I.

Il est, parmi les noms les plus doux de la terre,
Un nom chaste et béni, dictame salutaire,
Qui dirige les cœurs, comme un phare pieux.
Parmi les plus beaux noms qui rayonnent aux cieux,
Il est un nom si pur que lui seul il fait taire
    Les plus saints, les plus glorieux !

Par dessus tous les noms, aimable, harmonieux,
Ce nom, — c'est le doux nom d'une vierge bénie,
D'une vierge qui plaint toute humaine douleur,
Ce nom, parfum divin, ce nom, suave fleur,
Ce nom, baume sans prix pour toute âme qui prie,
Ce nom, trésor du pauvre, étoile du malheur,
Ce nom, cher à Dieu même au sein de sa splendeur,
    C'est le nom de Marie !

II.

Il est un nom, symbole radieux,
    Qu'à genoux on redit aux cieux ;
Un nom, des malheureux l'espérance et l'égide,
Qu'implorent la vieillesse et l'enfance timide ;
Un nom que toute mère invoque avec des pleurs
Près d'un berceau ; — doux nom, boussole des pécheurs
Et des pauvres marins près de perdre la vie ;
    Il est un nom, suave mélodie,
Un nom, source de paix, qui rafraîchit le cœur
Desséché par l'orgueil ou perdu par l'erreur ;
Ce nom, c'est l'humble nom d'une vierge accomplie ;
Ce nom, dans les dangers bouclier protecteur,
    C'est le nom de Marie !

III

Où va-t-il ce navire, où va-t-il, ballotté
Par les vents déchaînés, par la vague emporté ?
Sur l'abîme béant, qu'elle soulève en reine,
La tempête, à sa perte, en mugissant l'entraîne

Et le deuil et la mort planent sur ses haubans,
Ses cordages brisés et ses longs mâts tombants,
Mais, sur le pont déjà tout l'équipage prie,
Et soudain un seul nom enchaîne flots et vents...
    Ce nom, c'est le nom de Marie !

IV.

Quand mai vient réjouir chaumières et châteaux,
Quand la glace brisée, aux rivières captives
Rend l'essor qui féconde et reverdit leurs rives,
Quand l'amandier blanchit ; lorsqu'aux flancs des coteaux
La fougère grandie appelle les troupeaux,
Alors, un blond essaim d'enfants, sur la prairie
Bondit, cueillant des fleurs. , et l'essaim chante et prie,
Il chante, en célébrant le bonheur des hameaux,
    Le doux nom de Marie !

V.

Voyez-vous cette ville aux antiques remparts,
Qu'un siége menaçant étreint de toutes parts ?
Courageuse cité, de tes aieux si fière,
La foudre des combats va réduire en poussière
Tes temples, tes palais et tes hautes maisons ;
La famine et le fer poursuivent leurs moissons,
Et déciment tes fils que le tocsin convie !..
Mais un peuple en prière à genoux s'humilie,
Et cent mille chrétiens ont redressé leurs fronts
    Protégés par Marie !

VI.

Le Très-Haut, sur son peuple, un jour étend son bras ;
Un fléau destructeur vers nos cités s'avance ;
A son nom seul tout fuit ! — La crainte le devance ;
Il approche, semant le deuil et le trépas,
Et le bronze partout dit son funèbre glas !
Un vent empoisonné souffle sur chaque vie ;
O grand Dieu ! de nos fronts détournez votre main ;
Dieu clément, épargnez encor le genre humain !

. . . .

Cependant le fléau redouble de furie,
Et l'homme tout tremblant, d'une bouche flétrie,
Au ciel qu'il outrageait hier, s'adresse en vain !
L'homme se fait pieux sous le courroux divin !.
Mais rien ne fléchirait le bras qui le châtie,
Si, dans son désespoir il n'implorait, enfin,
  Le doux nom de Marie !

      Claudius-Antony RENAL.
1857

LA VIOLETTE DU CIMETIÈRE.
A la tombe de S D E

Nul marbre n'oppresse ton ombre :
La couche où tu dors, ô ma sœur !
N'est pas rendue encor plus sombre
Par un emblème de douleur.

Quand de mes larmes je l'arrose,
A travers les gazons discrets,

Glissant comme un souffle de rose,
Vont te rafraîchir mes regrets

Le premier rayon qui se lève
Te réchauffe à ses tendres feux,
Et ta poussière se soulève
Comme pour s'envoler aux cieux.

L'aspect morne et froid d'une pierre
N'éloigne pas l'aimable oiseau ;
Il rase d'une aile légère
Les fleurs qui parent ce tombeau.

Comme un doux présent, la nature
Te rapporte, aux printemps naissants,
Une épitaphe simple et pure,
Tracée en suaves accents

Cette fleur, dont ta rêverie
Aimait la tristesse et le deuil,
Fidèle image de ta vie,
Semble ton nom sur le cercueil.

Violette brune et pâle,
Tu me rappelles ses vertus,
Sa candeur, sa mélancolie,
Trésors à jamais disparus !

Ainsi que toi, sous le feuillage,
Fleur timide, elle se voilait,

Et toujours, dans son frais langage.
Son doux parfum la révélait.

Belle et rapide sur la terre,
Comme ton calice charmant,
Hélas ! de sa tige éphémère
L'été n'a brillé qu'un moment !

Mais d'elle une trace embaumée
Survit immortelle en mon cœur !
Après que la mort t'a fermée,
S'exhale aussi ta chaste odeur.

Nul marbre n'oppresse ton ombre !
La couche où tu dors, ô ma sœur !
N'est pas rendue encor plus sombre
Par un emblème de douleur !

Adèle GENFON

AUX JEUNES FILLES.

Bientôt vous quitterez votre abri du couvent
Et la petite fille. aujourd'hui simple et belle,
Modeste en ses désirs, au maintien si décent,
    Deviendra demoiselle.

Au plus candide espoir vous ouvrez votre cœur.
Et vous goûtez encore une naïve joie,
Si vous pouvez cueillir une petite fleur
    Au travers de la voie.

Mais, avant qu'il soit peu, le monde et ses désirs,
Enivrant tout-à-coup vos âmes et vos têtes,
Vous rêverez déjà de luxe, de plaisirs,
  De splendeurs et de fêtes.

Si, par hasard un jour, deux jeunes prétendants
Pour être vos maris entraient en concurrence.
Celui des deux rivaux qui portera des gants
  Aura la préférence.

Si, docile à vos vœux, le favorable sort
D'un époux à la fin vous fait la riche aumône.
Vous vous démasquerez, et prenant votre essor,
  Monterez sur le trône.

Vous n'exigerez pas le savoir et l'esprit ;
C'est vraiment peu de chose, et la femme à la mode,
Ne fait pas un grand cas d'un époux érudit :
  C'est un maître incommode.

Il prêche trop souvent l'ennuyeuse raison ;
Du matin jusqu'au soir, il voudrait faire un prône,
Et sa main, refusant de se mettre en prison,
  Dédaigne le gant jaune

Pour contenter les goûts du luxe et de l'orgueil
Un complaisant mari, dans son imprévoyance
Au milieu de la Bourse, affrontera l'écueil
  De la folle espérance.

Si la chance du jeu lui donne le gros lot,
Son élégante femme, en bonne fille d'Ève,
Voudra sur le trésor prélever un impôt
    Et jouir de son rêve.

La sottise imposant de tyranniques lois,
Dieu sait ce qu'il faudra de soie et de dentelle,
Pour parer la beauté qu'on voyait autrefois
    Si simple demoiselle !

Elle porte sur elle un bazar tout entier,
Et dans l'unique but d'étaler sa boutique,
La malheureuse attèle à des jupons d'acier
    Sa croupe fantastique

Si la fortune, hélas ! lui refuse un abri,
Si le char du bonheur s'arrête dans sa course,
On pourra bientôt voir la caisse du mari,
    Sans or et sans ressource.

Il faudra bien alors effacer son blason,
Renoncer à briller dans les bals du beau monde,
Et retirer enfin, du puits de la raison,
    Un petit bout de sonde.

Heureuse, si parfois calmée en ses désirs,
Et regrettant un jour le couvent, la famille,
Le cœur vient rappeler à tous ses souvenirs
    Son temps de jeune fille.

                      P. Saint-Olive,

LA FOLLE AUX CAILLOUX.

Fi des petits moqueurs dont la gaîté se rue
Autour de cette femme errante par la rue,
Et qui, les yeux baissés, d'une ombrelle à sa main,
Ecarte les cailloux roulant sur son chemin !

Dans leurs bruyants éclats de cruauté frivole :
« C'est la folle! » ont-ils dit.—Eh bien ! oui, c'est la folle!
Triste et muet fantôme au lamentable sort,
Qui n'est plus l'existence, et qui n'est pas la mort..
Voyez-la!... Sur sa robe ou de laine ou de soie
Un long crêpe, en ceinture, à tous vents se déploie;
De ramages sans nom, son châle est bigarré;
Son pas brusque, fiévreux, bondit démesuré,
Et d'un lambeau de gaze, incroyable coiffure,
S'échappe à flots mouvants l'or de sa chevelure.
Certe! cela vaut bien qu'on s'en amuse autant :
C'est fantasque, bizarre, excentrique!.. et pourtant,

Fi des petits moqueurs dont la gaîté se rue
Autour de cette femme errante par la rue,
Et qui, les yeux baissés, d'une ombrelle à sa main,
Ecarte les cailloux roulant sur son chemin !

Le visage au soleil, ou les pieds dans la fange,
Elle va! . Si parfois, saisi d'un saint respect,
Un enfant la salue, à ce touchant aspect
L'insensée avec feu contemple le jeune ange,
Et son regard vitreux luit d'une ivresse étrange .

Mais pour peu qu'apparaisse un espiègle railleur
Qui d'affronts la harcèle et la mette en fureur,
Gare au rusé lutin que, sans pitié ni grâce,
Ses doigts secs et nerveux étrangleraient sur place,
Tandis que le passant, qui se détournerait,
Et la laisserait faire, en s'éloignant, dirait :

« Fi des petits moqueurs dont la gaîté se rue
Autour de cette femme errante par la rue,
Et qui, les yeux baissés, d'une ombrelle à sa main
Ecarte les cailloux roulant sur son chemin ! »

Ah ! que plutôt votre âge et la plaigne et l'honore,
Enfants !.. Cet être sombre, ardent, capricieux,
Dont le corps vit sur terre et l'esprit dans les cieux,
Cet être, qu'en secret un deuil rongeur dévore,
Est un souffle d'amour qui sur vous veille encore...
Car. . elle avait un fils.. rose et blond comme vous...
Qu'elle aimait.. Oh ! mon Dieu, comme on vous aime
Un jour que, frêle enfance à courir trop hardie, [tous !
De l'école il rentrait, sans guide, à l'étourdie,
Contre un caillou fatal trébuchant d'un faux pas...
Il mourut !.. Et voilà, cruels petits ingrats,

Pourquoi, folle aujourd'hui de ses douleurs amères
Dont au moins elle cherche à préserver vos mères,
La pâle et morne femme, adorés inhumains,
Ecarte les cailloux roulant sur nos chemins !

Hipp. Guérin de Litteau

PETITS OISEAUX.

Petits oiseaux dont jadis mon enfance,
Se fit un jeu de troubler les amours,
J'expie, hélas! et nul de nous n'y pense,
D'avoir souvent fait pleurer vos beaux jours.
Ma main pourtant fut une douce chaîne;
Pour vos repas choisissant les morceaux,
Du meilleur grain elle fut toujours pleine,
   Petits Oiseaux.

Vos cris plaintifs demandaient le feuillage,
Je vous couvais tendrement dans mon sein,
Et pour vous faire aimer votre esclavage,
Vous instruisais à manger de mon pain.
Puis, quand l'hiver attristait la nature,
Que son regard glaçait fleurs et ruisseaux,
Vous ai-je dit : partez seuls, sans pâture,
   Petits Oiseaux?

Ai-je arraché quelque plume à votre aile,
Et fait crier vos douleurs dans mes doigts?
Mon amitié jamais vous gronda-t-elle,
Et sentiez-vous le tyran dans ma voix?
La liberté tint votre cage ouverte
Et vous jouiez sans crainte et sans barreaux.
A qui la vie ainsi fut-elle offerte,
   Petits Oiseaux?

Je fus pour vous un père et non un maître;
Mon seul bonheur était votre gaîté;

Vous ne chantiez au bord de ma fenêtre
Que le plaisir, l'amour, la liberté.
Si vous trouviez trop dur mon pauvre gîte,
Et qu'il vous fît rêver d'autres berceaux,
Pourquoi ne pas vous envoler bien vite,
      Petits Oiseaux?

En vous perdant j'eus bien pleuré, sans doute,
Et vous eussiez commencé mes regrets;
J'ai su depuis les cueillir dans ma route,
A chaque pas j'en trouvai de tout prêts.
Dieu vous bénit; mais l'homme est anathème,
Quand vous chantez, il succombe à ses maux;
Pour vous, pour nous le grain n'est pas le même,
      Petits Oiseaux.

Ah! ce n'est pas que ma tristesse envie
Un seul des biens qu'il accorde à vos vœux.
Si plus qu'à nous il veille à votre vie,
Sans doute, hélas! vous le méritez mieux
Aussi le mal ne brise point vos ailes
De ses remords ni de ses lourds fardeaux;
L'espace immense est ouvert devânt elle,
      Petits Oiseaux.

C'est pour vous seuls qu'est faite la verdure,
L'ombre et le frais, le calme et le sommeil;
C'est pour vous seuls que sourit la nature,
Allez donc bien vous ébattre au soleil;
Soyez joyeux, libres et sans entraves,
Volez toujours à des plaisirs nouveaux.

Laissez enfin la tristesse aux esclaves,
    Petits Oiseaux.

Si quelquefois le plaisir vous égare,
Que sous mon toit il vous jette, imprudents,
Ma main n'est point la serre de l'avare,
J'ai conservé le bon cœur des enfants.
Venez, venez, je me souviens encore
Comment du pain on coupe les morceaux,
Je vous fait part du peu dont Dieu m'honore,
    Petits Oiseaux
                Adrien VOLLE

PARCE DOMINE.

Seigneur, du droit chemin si parfois il dévie,
Ce n'est pas sans regrets, ce n'est pas sans douleurs
Il désire ardemment que ses jours soient meilleurs,
Et qu'à toi, pour jamais, soit son âme asservie.

Mais hélas ! l'homme est faible, et bien triste est la vie !
Au premier vent qui vient, comme de frêles fleurs,
Il cède, et paie après, par des torrents de pleurs,
Un instant de plaisir que longtemps il envie

S'il n'est pas tout à toi, mon Dieu, pardonne lui
Plus tard, bientôt peut-être, à ses yeux aura lui
L'éblouissant rayon d'efficace lumière

Alors, des biens du monde il sera détaché,
Et, pour t'aimer vraiment, son cœur grave et touché.
Son cœur recouvrera sa pureté première.
                Philibert LE DUC

L'ASTRE DE CHARLES-QUINT
OU LA COMÈTE DE 1857.

Où vas-tu dans ton cours, ma belle échevelée,
Traînant les longs replis de ta robe étoilée,
    Qu'on ne peut te ravir?
Tu vas de monde en monde, apportant ta lumière,
Etonner les humains, comme une aventurière
    Qui prédit l'avenir!

Tu vas, pâle et brillante, en ta rapide course,
De l'étoile du sud au seuil de la grande Ourse,
    Emportant des lambeaux
D'un globe par ici, par là d'une planète,
Qui, suivant ton parcours, ô brûlante comète!
    Te prêtent leurs flambeaux!

N'es-tu pas le Messie annoncé par les anges,
Qui jaunit les moissons et mûrit les vendanges
    Sur leurs coteaux dorés?
Ou bien le précurseur de la douce Espérance?
Un rayon de soleil qui s'incline en silence
    Sur les flots éthérés!

Va, poursuis ta carrière, ô brillant météore!
Nos fils, dans bien longtemps, te reverront encore
    Dans ton splendide éclat!
Qu'importe ta grandeur; tu ne peux nous atteindre!
Quand on est aussi belle, on n'est jamais à craindre,
    OEuvre de Jéhovah!

Marc Constantin.

L'ETINCELLE ET LA GOUTTE D'EAU

Imprudente goutte d'eau,
Tombe... — il en est temps encore ! —
Sur l'étincelle qui dore
Ton cristal d'un feu nouveau.

Redoute sa perfidie ;
Elle peut, en un instant,
Allumer un incendie.

Elle croît, elle s'étend...
L'étincelle devient perle :
La perle, étoile... — Et bientôt
La flamme roule son flot,
Comme une mer qui déferle...

Ainsi, du premier plaisir,
On se dit : Pourquoi le craindre ?
On cède au feu du désir...

Une larme eût pu l'éteindre !

Alexandre Flan.

ELCY.
Légende du mois de Mai.

Qu'elle était belle, Elcy, la blonde Vierge en fleur,
De la rose effaçant la vermeille couleur,
Le front orné de grâce et voilé de mystère !
Oh ! qui l'eût vue ainsi blanche, svelte et légère.

Le printemps sur la joue et le ciel dans les yeux,
L'eût prise pour un ange exilé des saints lieux.
Mais, plus tard, tendre lis à la tige séchée,
Celui qui l'aurait vue immobile, penchée,
Soulevant vers le jour, par un suprême effort,
Ses yeux déjà noyés de langueur et de mort,
Oh ! celui-là, plaignant la douce créature,
Eût pleuré tout son cœur et maudit la nature

Près du lit où la vierge, à son dernier instant,
Sentait faiblir la vie en son sein haletant,
Ses compagnes d'enfance, avec sa triste mère,
Confondaient leurs soupirs et leur douleur amère
Mais, vers elles tournant ses doux regards, Elcy
D'une touchante voix les consolait ainsi :

« O mes sœurs, si je vous suis chère,
« Ne gémissez pas sur mon sort !...
« Sèche tes larmes, ô ma mère !
« Tout meurt, hélas !... sur le Calvaire,
« Dieu lui même n'est-il pas mort ?...

« Sur la terre tout front se penche,
« Marqué du sceau de la douleur ;
« Moi, je vais au ciel où s'étanche
« L'éternelle soif du bonheur !.

« Ne pleurez pas .. l'heure dernière
« Est, pour notre âme prisonnière,
« L'aube des délices des cieux...
« Mes sœurs, embaumons nos adieux
« Avec les fleurs de la prière !...

« Puisque Dieu ne veut plus que je reste ici-bas,
« Adorons ses décrets et ne murmurons pas.
« Hélas ! sa volonté s'est pour moi révélée
« Depuis longtemps déjà... Dans l'humide vallée,
« Pleine de vie alors je m'égarais un soir,
« Cherchant des flots aimés le limpide miroir ;
« Mais, tandis que mes pas distraits foulaient la mousse,
« Le rossignol des nuits chantait d'une voix douce :

  « Voici Mai, roi des beaux jours,
  « Voici Mai, l'amant des roses ;
  « Mille corolles écloses
  « Forment ses riants atours.

  « Heureuses les jeunes belles
  « Qui mourront au mois de Mai !...
  « De roses fraîches comme elles,
  « Leur cercueil sera semé.

  « Et, du sein béant des tombes,
  « Elles monteront au ciel,
  « Comme un essaim de colombes
  « Volant au nid paternel.

  « Il est court, roses nouvelles,
  « Votre destin parfumé...
  « Heureuses les jeunes belles
  « Qui meurent au mois de Mai !..

— « C'est ainsi qu'en mon sein, la voix enchanteresse
« De l'amoureux printemps épanchait la douceur,

« Et pourtant, je ne sais quelle vague tristesse,
« Comme un voile de deuil, vint flotter sur mon cœur.

— « De ce chant j'ai gardé le souvenir fidèle..

— « Elcy, cria soudain en accourant près d'elle,
« Sa sœur, naïve enfant à l'argentine voix,
« Savez-vous ce que chante un rossignol des bois,
« Qui vient de se poser au sommet du vieux chêne
« Dont vous aimiez goûter l'ombre douce et sereine :

  « Mai passe dans ce séjour...
  « Il cueille vierges et roses ;
  « Pour son front, les fleurs écloses,
  « Et les vierges pour sa cour.

  « Heureuses les jeunes belles
  « Qui mourront au mois de Mai !
  « De roses fraîches comme elles
  « Leur cercueil sera semé. »

En entendant ces mots, la pauvre Elcy tremblante,
Sentit son œil mouillé d'une larme brûlante,
Qui coula lentement sur ses beaux traits pâlis,
Comme une goutte d'eau sur la blancheur d'un lis

— « Hélas ! c'en est donc fait Voici l'heure, dit-elle,
« O Seigneur ! reçois-moi dans ta paix éternelle
« Evanouissez-vous, prestiges mensongers !
« Laissez-moi, vains regrets ! fuyez, rêves légers,
« Jeunes illusions aux splendeurs éphémères.
« Pour la réalité je quitte vos chimères !

« Sur l'aile de l'espoir je fuis loin de ces lieux..
« O ma mère ! ô mes sœurs ! je vous attends aux cieux !
   « J'entends, j'entends les saints cantiques
   « Et le doux son des harpes d'or..
   « Ouvrez-vous, célestes portiques !
   « O mon âme ! prends ton essor ! .. »

Sa prière finie, elle pencha sa tête,
Tige frêle, avant l'heure, offerte à la tempête,
Et, comme un pur encens d'un calice exhalé,
Son âme en flots d'amour au ciel avait volé..

En cet instant l'on put distinctement entendre
    Le rossignol lointain,
Dont la voix répétait, plus plaintive et plus tendre
    Son triste et doux refrain :

   Heureuses les jeunes belles
   Qui meurent au mois de Mai !
   De roses fraîches comme elles
   Leur cercueil est embaumé...

                Gabriel MONAVON.

LES DEUX RATS.

Deux habitants d'une maison commune,
Deux pauvres rats, compagnons d'infortune,
Comme pécheurs voués au châtiment,
   Faisaient mouvoir incessamment
De leur prison la cage circulaire

L'un de grand cœur se donnait à l'affaire ;
   Toujours soutenu par l'espoir,
Il opérait du matin jusqu'au soir,
   Disant : — J'aurai ma récompense
   Qui sait? un jour, la liberté ! —
Et grâce à son travail, à son peu de science
Il était presque heureux et brillait de santé

L'autre rat, de l'esprit connaissait la culture.
Il avait grignoté, puisé dans maint auteur
Et la philosophie et la littérature ;
Mais avec son savoir il n'avait le bonheur.
Il travaillait fort peu, toujours plein de tristesse,
   Il succombait de dégoût, de paresse.
— A quoi bon, pensait-il, ce stupide labeur ?
— Que donne-t-il ? la gloire ? un rayon d'allégresse ?
   Non ! — Et toujours pensant et raisonnant,
Il eut, ses jours durant, une longue agonie

Le premier, pensant peu, mais toujours agissant,
Grâce à l'espoir, eut une heureuse vie
   Il attendait, pour prix de son labeur,
   Un terme à son dur esclavage ;
   S'il ne l'eut pas, il obtint le courage,
   La paix, l'oubli de la douleur !

Quand après le péché de notre premier père,
Le ciel eut prononcé son jugement sévère,
Dieu sentit la pitié qui lui montait au cœur ;
   A sa voix aussitôt naquirent sur la terre

La Résignation, l'Espérance, sa sœur.
Leur main ne brise pas la douleur immortelle ;
Mais leur présence sait la rendre moins cruelle.
L'espoir est presque du bonheur.

Charles MICHEL.

LES FUNÉRAILLES D'UN OISEAU.

Il venait de tomber, mortellement atteint
    Au milieu des airs, sa patrie ;
De son sang son plumage était à moitié teint,
    Et son aile à moitié meurtrie

Tout à l'heure, orgueilleux et chantant, il planait
    Sur la ville aux palais de marbre,
Et maintenant, couché sur la terre, ce n'est
    Que d'en bas qu'il peut voir un arbre

Il songeait au tilleul où pendait son berceau,
    Et, tout étonné de sa chûte,
Se demandait pourquoi l'homme en veut à l'oiseau,
    Et d'où vient qu'il le persécute

Mais, dès qu'il entendit, le frêle moribond,
    Des pas retentir dans l'allée,
Oubliant sa blessure, il voulut faire un bond,
    Croyant reprendre sa volée.

Vain effort ! — La souffrance au sol vint le river,
    Et tremblant, sa tête inclinée,

Persuadé que rien ne le pouvait sauver,
    Il attendit sa destinée

Or, quelqu'un, en effet, qui passait dans le bois,
    Avait deviné sa détresse :
Une petite fille, œil noir, limpide voix,
    Front rayonnant et brune tresse ;

Et l'oiseau n'eut plus peur à l'aspect de l'enfant
    Curieuse, émue et charmante,
Car il n'ignorait pas que la femme défend
    Les faibles que l'homme tourmente

S'approcher pas à pas du timide blessé,
    Dont le regard triste l'implore,
Après l'avoir longtemps embrassé, caressé,
    Le prendre et le baiser encore ;

Puiser pour lui de l'eau dans l'étang, lui choisir,
    Avec mille tendres paroles,
L'insecte qu'il aimait, le matin. à saisir
    Tout gonflé du suc des corolles,

Sur son duvet, qu'un peu de poussière salit,
    Passer un léger brin de mousse ;
De l'un de ses bras blancs lui faire un petit lit,
    Pour qu'il repose sans secousse ;

Elle eut tous ces soins là pour le pauvre innocent.
    Soins de sœur, de mère et d'artiste :

Non compté que deux fois elle étancha le sang
    Avec son mouchoir de batiste.

Malgré tant de secours et tant de vœux fervents,
    L'état du malade fut pire.
Pour toujours il quitta les caresses des vents
    Et des forêts le calme empire.

Mais non pas cependant sans avoir réussi,
    Par un suprême et doux caprice,
A lever faiblement, pour lui dire merci,
    La tête vers sa bienfaitrice

Oh! quel fut son chagrin quand elle le vit mort !
    Comme son cœur se prit à battre !
Et quel pli douloureux sillonna, tout d'abord,
    Son angélique front d'albâtre !

Et les larmes à flots lui montèrent aux yeux,
    Larmes pures, larmes sincères :
Elle était à cet âge encore insoucieux
    Où l'on pleure pour des misères.

Lorsque son désespoir se fut enfin calmé,
    Quelle eut compris, l'adolescente,
Que pour rendre la vie au mort le mieux aimé
    La plainte humaine est impuissante,

Elle voulut, au lieu de jouer, de courir
    Dans les taillis à l'aventure.

A celui qu'elle aima sans pouvoir le guérir,
   Donner au moins la sépulture.

Au pied d'un jeune chêne elle s'agenouilla,
   Et sous des touffes de bruyère,
Que de plus d'une larme encore elle mouilla,
   Fit une tombe à sa manière.

Puis, avant d'y poser son gracieux ami,
   Par un pieux enfantillage,
Elle l'enveloppa, comme s'il eût dormi,
   Dans un suaire de feuillage.

Pour moi, demi-courbé sur le tronc d'un bouleau
   Qui dominait la route creuse,
Silencieusement j'admirais ce tableau
   Digne de Laurence ou de Greuse.

Et tout en regagnant, d'un pas lent et distrait,
   Le village aux grises murailles,
O Dieu ! lequel de nous, pensais-je, n'envirait
   De si touchantes funérailles !

Paul Juillerat

La *Muse des Familles* est fière des sympathies dont elle est l'objet. Chaque numéro témoigne de cette bienveillance par une série de nouveaux collaborateurs dont le nom de M. Paul Juillerat augmente aujourd'hui le nombre et l'éclat. L'auteur de *Sapho*, tragédie représentée au Théâtre Français, et d'une charmante comédie, *le Lièvre et la Tortue*, jouée à l'Odéon, nous promet un concours dont nous ressentons une profonde gratitude.

Lyon — Imprimerie d'Aimé Vingtrinier, quai Saint-Antoine, 36

LE ROSSIGNOL ET LE CHÊNE.

Dans les buissons touffus d'un mystérieux bois,
    Le premier jour qu'il déployait son aile,
Un jeune Rossignol, par sa flexible voix,
    Captivait l'arbre de Cybèle.

— Si tu voulais me croire, aimable Philomèle,

Lui disait le roi des forêts,
Sous mes rameaux verts tu viendras
Faire entendre ton doux ramage.
Enlevé par mon bras puissant,
Fier, tu dominerais l'horizon du bocage,
Sur mon sommet éblouissant

Le ténor emplumé se dérobe à sa mère,
Et quitte imprudemment sa paisible bruyère,
Pour les trompeurs attraits du colosse rameux.
A peine est-il perché, Dieu veut qu'il se repente;
Car un orage gronde, et la foudre brûlante
Brille, éclate et détruit le chêne audacieux.
Notre étourdi retombe en son humble retraite,
Dégoûté des hauteurs que trouble la tempête,
Et retrouve le calme au nid de ses aieux

Ah! quand pour nous surprendre, on étale à nos yeux
Des séjours plus riants que notre asile antique,
Craignons pour notre orgueil cet appel dangereux :
Il n'est de sûr abri qu'au foyer domestique.

L. Berlot-Chapuit

ETOILES ET FLEURS.

Tout enfant, j'aimais les merveilles
Dont Dieu parsème l'univers :
Les papillons et les abeilles,
L'horizon bleu, les coteaux verts.

J'aimais, pensif et solitaire,
Voir votre éclat tout fraternel,
O fleurs, étoiles de la terre,
Et vous étoiles, fleurs du ciel !

Quand buissons et bouquets sans nombre
Etaient quittés par le soleil,
Le firmament brillait dans l'ombre,
Autre jardin calme et vermeil.
Vous échangiez, avec mystère,
Vos doux rayons, votre doux miel,
O fleurs, étoiles de la terre,
Et vous étoiles, fleurs du ciel !

Admirant votre double grâce,
L'ange visite, dans son vol,
L'ardent parterre de l'espace
Et l'odorant écrin du sol...
Pour charmer notre exil austère,
Reflétez-vous l'Eden réel,
O fleurs, étoiles de la terre.
Et vous étoiles, fleurs du ciel ?

Alexandre Cosnard.

LA POESIE EST SAINTE
A Emile Deschamps

> C'est en nous-même qu'il fait noir
> Emile Deschamps

Parmi vos pages, maître, avec tant d'art groupées,
Harmonieuses fleurs de votre âme échappées.

Fleurs que la foule cueille et qui remonteront,
En couronne immortelle, un jour, à votre front,
Poète, il en est une, entre toutes, féconde,
Où plonge mon regard, ainsi qu'aux mers la sonde,
Et dont le sens mystique, en mots clairs révélé,
Luit, comme un phare ardent, quand le ciel est voilé.
Cette page éloquente, accent d'une voix probe,
Dit qu'aux yeux des humains la clarté se dérobe
Depuis que sur eux tous, enfants, hommes, vieillards,
Le péché, fils d'Adam, jette ses noirs brouillards.

J'admire cette page, elle est sublime et vraie ;
Oui, l'homme naît avec une impalpable ivraie,
Si tenace à ses flancs, qu'il tenterait en vain
De la déraciner sans le secours divin ;
Oui, tout homme est pécheur, oui, la famille humaine,
Semblable au vil bétail qu'un dogue au couteau mène,
Est docile au péché qui la presse et la mord,
Afin qu'elle aille vite à l'éternelle mort.

Certes, je ne suis pas de ces docteurs moroses,
Qui méprisent l'encens et la fraîcheur des roses,
Critiquent le soleil, blâment le papillon,
Et trouvent que le bœuf trace mal son sillon ;
Je ne puis applaudir à ces disputeurs blêmes,
Qui tâchent d'expliquer de stériles problèmes,
Qui, condamnant toujours ce que les autres font,
Lèvent, avec dédain, leur œil terne, au plafond,
Et dont chaque parole, empreinte de jactance,
Contrôle l'univers et, que sais-je, le tance ;
Je déclare la guerre à ces nains dénigrants,
Qui rapetissent tout, croyant être plus grands.

Trop abaisser le siècle est plus qu'une sottise,
D'accord ! — Mais honte aussi, honte à qui le courtise,
A qui flatte l'orgueil que le démon lui fit,
A qui le pousse au mal, pour en tirer profit !
Et n'est-on pas contraint, aussitôt qu'on l'épie,
De voir que, dans le fond, notre époque est impie,
Qu'elle encense le corps, poussière, atôme, rien,
Qu'elle immole l'esprit, cet ange aérien,
Fait pour sortir plus pur de sa prison d'argile,
Qu'elle tronque à plaisir ou bannit l'Evangile,
Et qu'affectant de croire et d'aspirer au ciel,
Elle marchande au Christ un culte officiel.

Mais votre livre est là. Maître, plus j'étudie
Ce livre né du goût et de la mélodie,
Livre dont les feuillets, prodigieux miroirs,
Nous montrent, embellis, les fruits de cent terroirs,
Livre qu'avec amour, sans cesse, on recommence,
Où l'épitre converse, où l'ode et la romance
Répondent aux sonnets, aux refrains espagnols,
Plus j'écoute vos vers, ces doctes rossignols,
Qui, semant dans les airs leur gamme sympathique,
Modulent, tour à tour, l'idylle et le cantique,
Et que le sort n'a pas, ainsi que leurs ainés,
Au silence, en hiver, tristement condamnés,
Plus je me dis alors : la poésie est sainte ;
Elle verse le miel dans la coupe d'absynthe
Où tout le genre humain, sans jamais l'achever,
Va, depuis six mille ans, par force, s'abreuver,
Et quand, las de ce monde, arbre aux fruits insipides,
Pour tromper la longueur de ses jours . trop rapides,

L'homme, se repliant en son être blasé,
Y sent, avec douleur, qu'il a tout épuisé,
La tendre poésie, elle qu'on dit frivole,
Pour lui, sait alléger chaque heure qui s'envole,
Vient, en hymne d'espoir, changer son cri d'adieu,
Et lui rend le bonheur, en l'élevant à Dieu.

Dire tout le savoir, tous les succès d'Émile,
Le poète élégant, pour qui, seul entre mille,
Chaque salon, ainsi qu'un vivant encensoir,
Exhale, à flots constants, son arôme du soir,
Ah ! je le reconnais, c'est presque une folie.
Autant dire au laurier que sa fleur est jolie ;
Dire au cerf qu'il gémit quand il est aux abois ;
Aux oiseaux du bon Dieu qu'ils chantent dans les bois ;
Autant dire au volcan qu'il enfante la lave ;
Autant dire aux prés verts que le ruisseau les lave ;
Autant dire à l'œillet, autant dire au jasmin,
Que leur calice ouvert embaument le chemin.

Tandis que le temps glisse au cadran de l'horloge,
Pourquoi faire monter mon imparfait éloge,
Jusqu'au trône sonore, où Paris tout entier,
Contemple, unis en vous, le chantre et le luthier!
Comment, moi, de la lyre inutile disciple,
Saluer votre gloire, une et pourtant multiple :
Pourquoi vous répéter encor que vous avez
Esprit, grâce, talent? J'ai tort ; mais vous savez
Du vase trop rempli, sans même qu'on le penche,
La liqueur, flot par flot, en murmurant, s'épanche ;
Le vase, c'est mon cœur qui s'enivre, à long traits,
De vos nectars divers, plus limpides, plus frais

Qu'un lac dont nul limon ne ternit la surface,
Mon cœur si plein de vous qu'il ne peut, quoi qu'on fasse,
Refouler dans son ombre, où votre voix descend,
De ses hommages vrais le flux reconnaissant.

Paul Juillerat.

LE PLUS PUR AMOUR

O saint amour de mère ! ô coupe toujours pleine,
Dont le miel peut calmer toute douleur humaine !..
Terrestre Providence accordée à chacun !
Seul amour que jamais le cœur humain n'oublie,
Chaste fleur qu'on respire au matin de la vie,
Et qui jusques au soir garde son frais parfum !

Sous le toit d'un grenier où l'hiver qui l'assiége
Souffle de toutes parts et fait entrer la neige,
Regardez avec moi, riches, puissants, joyeux ;
Regardez cette femme au visage livide,
Ce frêle enfant qui dort sur sa poitrine vide,
Et ne détournez pas de ce tableau vos yeux !

Il est tard. Du repas pour eux l'heure est passée..
Elle s'est fait le sien de pain noir, d'eau glacée,
Lui, du lait maternel a fait son doux festin.
Peut-être, en son sommeil, à cette triste femme,
Dieu va-t-il envoyer, pour ranimer son âme,
L'espoir, ange du pauvre, étoile du matin !...

Peut-être que demain réserve à son courage,
Du bois, quelque chanson, un ami, de l'ouvrage,

Et peut-être, ô miracle ! un morceau de pain blanc !..
Hé bien, je vous le dis, souverains de la vie,
Cette femme est heureuse, et je veux qu'on l'envie,
Car cette femme est mère, et baise son enfant !..

Soudain, l'enfant s'éveille, et d'une voix plaintive.
Il redemande encore, à sa mère attentive,
Ce lait dont elle endort ses premières douleurs :
Pauvre enfant, parmi nous à peine il vient de naître,
Et le voilà qui pleure, en regrettant peut-être,
Le ciel d'où vient son âme et des destins meilleurs !..

A ces accents, seul bruit de sa nuit solitaire,
Elle donne à l'enfant tout ce qu'elle a sur terre ·
Son lait; et sur son cœur le pressant, l'admirant,
De cet homme futur elle est tout orgueilleuse,
De sa beauté naissante elle se sent joyeuse,
Elle lui parle bas, et l'embrasse en pleurant

Si son fils expirait à cette heure suprême,
Le coup qui l'atteindrait, l'atteindrait elle-même !.
Leurs âmes font une âme, et leurs cœurs font un cœur !
Et si par son martyre épuisée, affaiblie,
Elle allait tout à coup abandonner la vie,
Son enfant la suivrait... Où l'un meurt, l'autre meurt.

L'enfant s'est rendormi d'un sommeil plus tranquille,
La mère le contemple, en silence, immobile;
Mille projets riants fleurissent dans son cœur
L'horizon lui paraît doré de mille charmes,

Ils semblent si lointains les périls, les alarmes ! .
Et peut-on rien prévoir quand on croit au bonheur? .

Admire ton enfant, ô fière et pauvre mère,
Ecarte de ton cœur toute pensée amère,
Dieu, du jour de demain peut te faire un beau jour ..
Repose! mais avant, penche-toi sur la couche
De ton ange qui dort, et cueille, avec ta bouche,
Cette fleur de bonheur éclose dans l'amour !

O saint amour de mère ! ô coupe toujours pleine,
Dont le miel peut calmer toute douleur humaine !
Terrestre Providence accordée à chacun !...
Seul amour que jamais le cœur humain n'oublie,
Chaste fleur qu'on respire au matin de la vie,
Et qui jusques au soir garde son frais parfum !..

Mais, ô mère, il croîtra, cet enfant de la joie ;
Bientôt, il connaîtra ce monde où Dieu l'envoie
Pour y prendre sa part de peine et de plaisir,
Et bientôt, désireux des choses de la vie,
Il ira les chercher sans que ta main amie,
Ta caressante voix puissent le retenir!...

Cet amour épuré, cette divine flamme,
Qu'il ressentait pour toi dans le fond de son âme,
Peut-être par degrés, hélas ! s'affaiblira...
Peut-être un autre amour te prendra sa pensée,
Ses instants, ses baisers !. . Et ton âme blessée,
Trop jalouse, peut-être en secret gémira...

Il reviendra vers toi, triste, pensif et sage,
Et, le cœur éprouvé, t'aimera davantage
Si son premier amour a fait couler ses pleurs.....
Et puis, viendront pour lui les peines de ce monde
Qui vieillissent toute âme où la jeunesse abonde,
Et dont tous ont leur part, large part de douleurs!..

Enfin... mais à présent, il est là, qui repose,
Ainsi que sur la neige une naissante rose,
Son visage est posé sur un sein chaste et blanc...
Dors longtemps, pur enfant; rêve que dans tes langes.
Sur toi pleuvent les fleurs, ou que les blonds Archanges,
T'emmènent dans les cieux! Dors longtemps, pur enfant!

Voilà donc, cette nuit, à tant de nuits pareille,
Les songes maternels, pour l'enfant qui sommeille,
Tandis qu'il fait plus froid, et qu'il neige plus fort;
Mais cette pauvre femme est heureuse en sa peine,
Car son enfant a chaud, bercé sous son haleine...
Espérant en demain, enfin elle s'endort

Mais demain, cependant, c'est l'avenir plein d'ombre,
C'est le noir inconnu, le ciel encor plus sombre,
Aussi bien que l'azur radieux... Oh! demain!..
Cette mère et son fils, seul bien de sa demeure,
Qui pourrait affirmer que demain à cette heure,
Ils ne seront pas morts l'un et l'autre de faim?.....

O riches, ô puissants, ô maîtres de ce monde,
Qui voyez sous vos pieds la misère profonde,

Dites, qu'avez-vous fait, dans votre humanité,
Depuis que l'on vous dit d'arrêter cette plaie,
Qui gangrène à présent l'État, et vous effraie?
Et comment avez-vous compris la charité?

Oh! je m'adresse à vous, les femmes et les mères,
Qui gardez quelques pleurs pour les larmes amères
De celles qui, pour deux, nuit et jour ont grand faim !
Montez, montez souvent chez leur misère aride,
Entrez les bras chargés, sortez la bourse vide,
Et d'un plaisir nouveau votre cœur sera plein.

Quand vous redescendrez de ces froides demeures,
Mesdames, vous serez plus belles et meilleures;
Du peuple vous n'aurez plus peur pendant vos nuits..
Et lorsque vous aurez séché beaucoup de larmes,
Votre amour maternel dormira sans alarmes,
Vos enfants grandiront protégés et bénis.

Oh! saint amour de mère! ô coupe toujours pleine,
Dont le miel peut calmer toute douleur humaine!...
Terrestre Providence accordée à chacun!...
Seul amour que jamais le cœur humain n'oublie,
Chaste fleur qu'on respire au matin de la vie,
Et qui, jusques au soir, garde son frais parfum!..

Edouard PLOUVIER

LES ILLUSIONS ENVOLÉES

Compagnes de mes rêveries,
Vous dont le langage enchanteur
Parlait d'espoir et de bonheur,
Pourquoi me fuyez-vous, illusions chéries ?

Adieu, joyeux essaim, dans les champs dispersé !
    Mes regrets vous suivent encore ;
    Quand l'avenir se décolore,
    J'adresse un soupir au passé ;

    A ces jours riants du bel âge,
    Où l'horizon s'ouvre à nos yeux,
    Comme un ciel pur et radieux,
Que ne trouble jamais la fureur de l'orage.

Temps heureux, mais trop court, hélas ! je t'ai vu fuir ;
    Et je m'écrie, avec tristesse :
    Songes dorés de la jeunesse,
    Ah ! pourquoi vous évanouir ? .

    Mon âme languit, abattue,
    Depuis que vous m'avez quitté..
    Ici-bas, la réalité
Est un vent destructeur qui flétrit et qui tue !

Quand l'aquilon fougueux règne sur nos climats,
    Lorsque l'hiver, sur la nature,
    Qu'il dépouille de sa parure,
    Etend son manteau de frimats ;

On n'entend plus, dans le bocage,
Les doux accents du rossignol;
L'hirondelle a repris son vol,
Pour chercher un abri sur un lointain rivage

Ainsi, par l'âge mûr et la froide raison,
   Mortels ! nous voyons dispersées,
   Toutes nos riantes pensées,
  Ces fleurs de la jeune saison.

  En vain, du torrent des années
  On voudrait remonter le cours ;
  Le flot, qui nous pousse toujours,
Vous entraîne avec nous, pauvres roses fanées !

Douces illusions ! c'en est fait, je vous perds,
  Sans pouvoir suivre votre trace...
  Chacune de vous qui s'efface
  Me laisse des regrets amers !

  Mais sur les rives étrangères,
  Sans nourrir l'espoir du retour,
  L'exilé songe chaque jour
A ceux qu'il a laissés sous le toit de ses pères.

Ainsi, parfois encor, dans mon cœur attristé,
  Murmurant une plainte amère,
  Je dis à cette ombre éphémère,
  A ce fantôme regretté :

Compagnes de mes rêveries,
Vous dont le langage enchanteur
Parlait d'espoir et de bonheur,
Pourquoi me fuyez-vous, illusions chéries?

Charles DEVERT.

FRAPPEZ ET L'ON VOUS OUVRIRA.

Vous, pauvre mère, au travail dès l'aurore,
Qui ne pouvez donner à votre enfant
Ces tendres soins que sa misère ignore,
Ces soins si doux que sa faiblesse attend,
Pour qu'un sourire à sa lèvre plus fraîche
Éclose encor lorsque le soir viendra,
Confiez-le, chaque jour, à la crèche...

Frappez, frappez... Et l'on vous ouvrira.

Vous, pauvre enfant, qui courez par la ville,
Vous que bientôt va perdre pour jamais,
L'oisiveté, ce vice trop fertile,
Qui, sur vos pas, laisse tant de regrets,
Étudiez, car l'étude console,
Car le savoir, plus tard, vous servira
La Charité vous offre son école..

Frappez, frappez.. . Et l'on vous ouvrira.

Pauvre vieillard, qui touchez à l'enfance,
Vous qui, courbé sous d'éternels malheurs,

Portez au front   Dieu sait quelle souffrance,
Quels désespoirs écrits dans vos pâleurs !
En attendant l'instant où notre juge
Prendra vos jours et vous rappellera,
Pour la vieillesse il est plus d'un refuge..

Frappez, frappez.. Et l'on vous ouvrira.

Et vous, les grands, les heureux de la terre,
Vous qui donnez et qui donnez encor ;
Vous qui savez où trouver la misère,
De vos bienfaits répandez le trésor ;
Agrandissez et la crêche et l'école,
Et, lorsqu'au ciel la mort vous conduira,
Dieu vous dira sa sublime parole :

Frappez, frappez... Et l'on vous ouvrira.

Alexandre FLAN

CES MESSIEURS.

Devenus maintenant de superbes messieurs,
Dans le beau monde, enfin, vous faites votre entrée.
Et, du parfait bon genre esclaves glorieux,
   Vous portez sa livrée.

Je n'en suis pas surpris : dressés depuis longtemps,
Par les soins maternels, à respecter la mode,
Au lieu de résister, vous vous montrez contents
   D'obéir à son code.

Mais vous dites de moi : C'est un original,
Tout à fait étranger à nos belles manières,
Et qui n'a pas le droit, devant son tribunal.
    D'évoquer nos affaires.

J'en conviens avec vous : au milieu des salons,
Je ne promène pas une botte vernie,
Et n'aime pas, au jeu, voir mes napoléons
    Entrer en agonie.

Je méprise le thé qu'on vous sert à foison :
C'est bien bon pour la Chine et non pas pour la France,
Et toute cette eau chaude, insipide boisson,
    Ne vaut pas l'abondance.

Je veux qu'un large bord entoure mon chapeau,
Pour servir à mes yeux de rempart et de voile,
Et je ne cherche pas le modèle du beau
    Dans un *cornet* de poêle

J'ai toujours éloigné mon esprit et mon cœur
De l'antre où vous tondez la victime abusée,
Et j'ai peur d'être pris pour un *boursicoteur*,
    Quand je vais au Musée.

Mes nerfs sont agacés, lorsque j'entends le cri
De vos agents de change, autour de la corbeille,
Et leur voix détonnant, comme un charivari,
    Ecorche mon oreille

Vous, messieurs, vous prenez un plaisir infini,
En allant écouter cet écho satanique,
Et préférez peut-être, aux chants de Rossini,
    Cette étrange musique.

La poésie et l'art, pour guider vos esprits,
N'ont jamais essayé le rôle de pilote,
Et vos cerveaux obtus n'attachent quelque prix
    Qu'aux chiffres de la cote.

Vous aviez de la peine à prendre votre essor;
Il vous fallait aussi votre bois de Boulogne,
Et, pour se transformer, la vieille Tête-d'Or,
    Se met à la besogne.

Quel plaisir de vous voir, conducteurs élégants,
Diriger vos chevaux avec désinvolture,
Tandis que vos moitiés jetteront leurs volants
    Par dessus la voiture!

Nous serons bien flattés, promeneurs inconnus,
De venir respirer votre noble poussière,
Et d'entendre le bruit que font des parvenus,
    En creusant leur ornière.

Vos grooms et vos chevaux, tout ce luxe de roi,
Ce bonheur mensonger qui dore votre vie,
Croyez-le bien, messieurs, n'excitent pas chez moi,
    L'aiguillon de l'envie.

Celui qui vit en paix, redoute l'embarras,
Et pour tous ces succès dont vous me semblez ivres,
Pour ces choses de rien, je ne donnerais pas
    Ma retraite et mes livres.

Paul Saint-Olive

BEAUTE, ESPRIT ET CŒUR
A Mademoiselle J. P.

Souviens-toi, chère enfant, que toute fleur se fane,
Hélas ! qu'un jour aussi tes traits se flétriront,
Plus de brillants regards, plus de teint diaphane,
Plus de rose à ta joue et de lis à ton front.

Souviens-toi que le ciel, comme à la fleur, ma fille,
En toi, mit un parfum, un don bien précieux,
L'esprit, rayon d'en haut, astre qui toujours brille,
Qui parle par ta voix et jaillit de tes yeux

Mais il est un seul bien, qu'entre tous on admire,
Qu'on cherche vainement en la rose, ta sœur,
Qui fait que tu souris quand tu me vois sourire,
Qui rend ton front chagrin, quand le mien est rêveur.

Un bien qui fait de toi l'enfant le plus aimable,
Un bien qui fait aimer... source de tout bonheur !
Plus pur que la beauté, plus que l'esprit durable,
C'est le souffle de Dieu, mon enfant, c'est ton cœur

Jenny Vial

A MADAME ANCELOT.
Mars 1857

.... A force de chercher, j'ai découvert quelques rimes qui peuvent peut-être trouver place dans votre charmant recueil, parce qu'elles ont été dites cet hiver dans un salon connu, dans le salon de madame Ancelot, à qui je les avais adressées

Madame Ancelot a fait un tableau représentant son *salon* en 1857 je dis son salon quoiqu'elle ait placé ses amis dans un jardin Elle a représenté ses habitués et ses intimes écoutant *Jasmin* qui dit des vers. Elle a bien voulu me mettre parmi les fidèles en question, et les strophes que je vous adresse, je les lui ai dites à l'un de ses mardis.

(Lettre au directeur de la *Muse des Familles*)

Grâce à votre double talent,
Madame, vous quittez la plume,
Et malgré le froid et la brume,
Au lieu d'un éloquent volume,
Vous créez un tableau.. parlant !

De couleurs chargeant vos palettes,
Et ne faisant rien à demi,
Vous peignez votre cercle ami,
En plaçant vos élus parmi
Bocages frais et fleurs coquettes

C'est un mélange harmonieux
De femmes belles, d'enfants roses,
Écoutant d'admirables choses,
Et prenant d'adorables poses,
Pour applaudir à qui mieux mieux.

Pur reflet des teintes du prisme,
Un grand jardin sert de décor
A ce congrès multicolor,
Mais le Soleil, au rayon d'or,
Empêche grippe et rhumatisme.

Posé contre des arbres verts,
Dont les rameaux forment un lustre,
Vous m'avez mis, moi, pauvre rustre,
Au beau milieu d'un groupe illustre,
Qui de *Jasmin* entend les vers.

Ma présence est un vrai problème !
Pour beaucoup, c'est presque un affront.
Mes voisins, j'en suis sûr, diront :
« A qui donc appartient ce front ?
« Quel est donc ce visage blême ! »

Le poète du Languedoc,
Quittant lune, soleil, étoile,
Pourrait bien sortir de la toile,
Disant : « Cachez-le sous un voile,
Car il n'est pas de bon estoc ! »

Aussi, quand l'autre jour, Madame,
Rêveur, chez vous je suis venu,
J'ai dit, mettant mon cœur à nu :
« Tu n'es pas fait, triste inconnu,
« Pour figurer sur le programme !

« Mais puisque avec des gens fameux
« On t'a mis, à l'ombre des hêtres,
« Toi, le plus infime des êtres,
« Songe, au moins, que tous sont tes maîtres,
« Et qu'il faut travailler comme eux ! »

Karl Daclin.

LE CIEL AGITÉ

Il rêvait au milieu d'un jardin solitaire,
Le vent soufflait au ciel et soufflait sur la terre;
Les nuages, fuyant avec rapidité,
Parcouraient d'un seul bond toute l'immensité.

Lui, suivant à pas lents les sentiers du parterre,
Il regardait le ciel, et son regard austère
Ne cessait d'admirer, car rien, en vérité,
N'est plus grand, n'est plus beau que le ciel agité !

Tantôt le firmament était couvert de nues;
Tantôt l'azur montrait ses plaines toutes nues;
Et le soleil brillait comme un noble vainqueur

Lui, disait en son cœur que la douleur dévaste :
« O tristesse ! un instant change le ciel si vaste,
« Et la fuite des ans ne peut changer le cœur ! »

Philibert Le Duc

LA PARESSE ET LA MISÈRE
Légende.

Un jour, en son chemin, la hideuse Misère
Aperçut la Paresse assise et sommeillant,
Contre un arbre appuyée... Aussitôt l'assaillant,
La Misère lui dit : — Réveillez-vous, ma chère,
Et daignez m'accorder l'appui de votre bras.
    Si je suis faible et languissante,
    Si je trébuche à chaque pas,
C'est l'excès du besoin, soyez compatissante.
Pour payer votre appui, je vous raconterai
A quels malheurs mon sort fut de tout temps livré.
Il est d'affreux récits qu'il est bon de connaître ;
Les miens vous distrairont, vous instruiront peut-être.—
    La Paresse, à ces mots, bailla,
Se dégourdit un peu, secoua sa mollesse,
Se recueillit.. Enfin, son cœur lui conseilla
    De donner aide à la pauvresse.
Mais s'étant tout-à-fait réveillée, à ses yeux
    S'offrit alors tant de détresse,
Un air si menaçant et si disgracieux,
Qu'elle eut grand'peur et prit la fuite ;
L'autre, clopin-clopant, se mit à sa poursuite.
— Ah ! de grâce, daignez m'accueillir un moment ;
Le malheur serait-il sans pouvoir sur votre âme ?
— Ne me poursuivez pas ! vous m'effrayez, madame

   .   .   .   .

La Paresse, on le sait, ne fuit que lentement ;
Puis le repos, pour elle, a d'étranges amorces.
    — Ah ! je me sens à bout de forces. —

La voilà qui s'arrête, oubliant le danger.
La boiteuse ennemie accourt ...
       Pour abréger,
 Bientôt par la Misère atteinte,
La fugitive eut beau supplier et pleurer,
Il lui fallut subir une fatale étreinte,
Que le temps, désormais, ne fera qu'assurer

        Alexis Rousset.

DEUX PETITS FRÈRES

 Enfants de la gaité franche,
 Le Plaisir et le Bonheur,
 Lestes, parés le dimanche,
 Des prés cherchaient la verdeur
 Ils couraient sous les tonnelles,
 Comme de jeunes oiseaux,
 Heureux d'essayer leurs ailes ;
 Ils étaient frères jumeaux

 Assis au foyer de nos pères,
 Ou debout, sur notre chemin,
 Que toujours ces deux petits frères
  Se tiennent par la main.

 Un jour, le Plaisir moins sage,
 Quitta son frère attristé,
 Quitta leur paisible ombrage,
 Pour les bruits de la cité

Son luxe a de l'insolence.
Il aime le vin, le jeu ;
Il nous fait de la régence,
C'est un nouveau Richelieu

Assis au foyer de nos pères,
Ou debout, sur notre chemin,
Que toujours ces deux petits frères
  Se tiennent par la main.

Moins gai, le Plaisir s'enivre,
Entouré de faux amis ;
Son frère ne peut le suivre
Dans ce monde compromis
Pour être heureux sur la terre,
Gardez bien dans votre cœur,
Dans votre famille austère,
Le Plaisir et le Bonheur !

Assis au foyer de nos pères,
Ou debout, sur notre chemin,
Que toujours ces deux petits frères
  Se tiennent par la main.

Francis TOURTE

APOLOGUE.

— « Quel sól bourbeux ! quel verdâtre mélange !
Quelle âcre odeur remplit et charge l'air !
Et quel jour gris ! à peine s'il fait clair ! »
Grogne un vieux porc, le grouin dans la fange

— « Quel horizon limpide ! quel air pur !..
Quels frais parfums montent de la prairie !
Quel soleil d'or ! » Au même instant, s'écrie
Un blanc ramier qui plane dans l'azur.

— « Vous dites vrai tous deux, reprend alors un aigle.
Chacun, selon ses mœurs, sa nature, son goût,

Ne voit qu'un seul côté des choses ; c'est la règle...
Excepté le poète et moi, qui voyons tout.

    « Et cependant, à ne rien taire,
    Ne nous enviez pas nos yeux,
    Car les images de la terre,
    Nous gâtent bien souvent les cieux ! »

Emile Deschamps.

A UNE JEUNE FILLE DU BUGEY,
Qui m'avait adressé des vers.

Est-il vrai qu'il existe encore,
Dans quelque coin de l'univers,
Des poètes au luth sonore,
Ayant le secret des beaux vers ?
Que l'âme ardente de Corinne
Inspire une vierge divine
Au doux pays que j'ai chanté (1) ?
Dont le beau regard étincelle,
Et qui sur nous règne comme elle
Par le génie et la beauté ?

Est-il vrai qu'en ces temps d'orage,
Quand partout le sol ébranlé
Rend si pénible le voyage
Aux pas du voyageur troublé,
Est-il vrai que, sous la feuillée,
Dans la touffe à demi mouillée.

(1) Le Bugey

Chante un oiseau mélodieux.
Dont la voix monte fraîche et pure,
Disant à toute la nature
Qu'un peu d'espoir luit dans les cieux?

Tout n'est pas trouble dans la vie,
Tout n'est pas peine dans le cœur;
La tempête est bientôt suivie
D'un soir de calme et de splendeur;
L'homme qui lentement chemine
Trouve parfois sur la colline,
Mousse des bois, eau des torrents;
L'ami trouve un ami fidèle,
Un savant, la palme immortelle,
Moi.... j'ai joui de tes accents.

Dieu qui nous aime comme un père,
Près du mal a placé le bien;
Il donne, à notre pauvre terre,
Des chants purs ainsi que le tien.
Grâce à la lyre du poète,
Tout grand souvenir se répète
Et se répand dans le lointain;
Le sage oublié se console,
Le héros voit son auréole
Resplendir d'un éclat soudain

Ta voix a frappé mon oreille,
Jeune sœur aux brillants accords,
Et tout étonné, je m'éveille,
Enivré de joyeux transports:

Ma harpe vibre et te salue ;
Comme deux Cygnes dans la nue
Qui se connaissent pour amis,
Nos âmes volent dans l'espace,
Montant, descendant avec grâce
Dans l'azur de notre pays.

Mais, sais-tu, jeune sœur si belle,
Dont les chants montent si joyeux,
Que souvent la foudre étincelle,
Pour ceux qui volent vers les cieux ?
Souvent les feux de la tempête
Sillonnent la plus fière tête,
Frappent d'effroi le plus grand cœur ;
Et souvent la plus noble vie
Voir fuir au souffle de l'envie
Ses plus doux rêves de bonheur.

Si tu crains quand l'orage gronde,
Quand le vent siffle avec fracas,
Si tu crains les pensers du monde,
Baisse ton vol et vis tout bas.
Mais si ton cœur est magnanime,
Si tu peux jeter sur l'abîme
Un regard calme ou dédaigneux,
Vole fièrement vers la nue,
Nous te suivrons dans l'étendue
De nos regards et de nos vœux

Le monde se trouble et soupire,
Soutiens sa force par tes chants,

Flatte le beau, frappe le pire,
Rends-nous meilleurs, fais-nous plus grands ;
Montre aux fils ce qu'étaient les pères,
Calme par ta voix les misères
De ton pays toujours si beau,
Le sort te brisera, peut-être,
Mais le pays qui t'a vu naître
Couvrira de fleurs ton berceau

Aimé Vingtrinier

PAQUES !

OEUF DE PAQUES.

A ceux que j'aime et qui sont loin

Les chérubins ouvrent leurs ailes,
Leurs ailes de lis et d'azur ;
L'oiseau prend ses plumes nouvelles,
Le bois verdit, le fleuve est pur
Grands mamans, belles et bénies,
De cinquante ans sont rajeunies !..
Charmants lutins, frais papillons ,
Les petits enfants sont en joie,
Étincelants d'or et de soie...
Et le soleil lui-même a ses plus beaux rayons.

C'est fête au ciel et sur la terre,
Les échos sont émerveillés ;
Tout est parfum, tout est lumière,
Et tous les cœurs sont éveillés !

La nature, ivre d'espérance,
Chante une hymne de délivrance,
Qui réjouit tous les sillons....
Les cloches ont pris leur volée,
Et l'âme, errante et consolée,
Se recueille au long bruit des joyeux carillons !

Tout est splendeurs, magnificence,
Tout cause à l'âme et rit aux yeux ;
Et l'orgue, dans la nef immense,
Ruisselle en flots harmonieux.
Le soleil, de pourpre et d'opale
A revêtu la Cathédrale....
Et les fidèles assemblés,
Sous le verbe de l'Évangile,
Inclinent leur tête docile,
Comme aux brises du soir penche le front des blés

Pâques ! Grand jour !! fête divine !!!
Le ciel palpite à ton retour,
Et la terre qui s'illumine,
A des tressaillements d'amour,
De l'humanité le grand rêve
Au ciel avec Jésus s'élève,
Berçant les générations,
Et sur la foule recueillie
Comme sur celle ensevelie,
Dieu jette à pleines mains ses bénédictions !

ENVOI.

— C'est le bel oiseau de l'enfance,
Fauvette au plumage étoilé,

Qui gazouille la souvenance,
Au seuil de mon cœur isolé. —
Reprends ton vol, chère fauvette,
Pour le toit qu'aime le poète :
Va revoir ceux qui me sont chers ;
— Ils te feront un nid de mousse,
Et toi, — de ta voix la plus douce,
Tu leur babilleras mon amour et mes vers !

Alexandre Guérin

ACTE DE FOI.

Sonnet.

L'erreur a fait du globe une vaste pagode ;
L'iman, pour Mahomet, use à terre son front :
Le pope au divin tzar chante une éternelle ode ;
Près d'un fétiche en bois, le nègre danse en rond.

L'homme grave un veau d'or en tête de son code ;
Le brahmane imposteur pour son wichnou répond,
La femme ne connaît d'autre loi que la mode ;
Bouddha dans le lama s'incarne et se confond

Là, c'est l'éléphant blanc, qu'un talapoin adore ;
Ici, le mage invoque un rayon de l'aurore...
Mais, des êtres humains l'éternel eut pitié...

Le Christ planta sa croix sur le sommet du monde ;
L'empire de Satan s'est troublé comme l'onde..,
Le chrétien dit : C'est Dieu, Jésus crucifié ! ! !

Bouclier.

DORMEZ, PETIT COEUR.

Sur les genoux de sa mère
Elle accourt, joyeuse enfant,
Avec un faix de bruyère,
Et s'endort en l'effeuillant.
La fatigue c'est la suite
De vos ébats dans le pré ;
Son cœur doucement s'agite
Sous le satin diapré

La tendre mère, elle veille
   Sur l'ange rêveur ;
Comme l'enfant qui sommeille,
   Dormez, petit cœur

Petit cœur de jeune fille
Ne vous réveillez, un jour,
Que pour la verte charmille,
Pour les oiseaux d'alentour.
Si le chagrin vous éprouve,
Comme aujourd'hui jetez-vous,
Dans ces bras que l'on retrouve
Quand on n'a plus les genoux.

Petit cœur plein d'espérance,
Plein d'avenir radieux,
Gardez bien votre innocence.
Cette parure des cieux

Toujours pur et sans envie,
Toujours vierge de regrets,
Aux tempêtes de la vie
Ne vous réveillez jamais !

La tendre mère, elle veille
   Sur l'ange rêveur ;
Comme l'enfant qui sommeille,
   Dormez, petit cœur !

Francis TOURTE

NOTRE-DAME DES PÊCHEURS.

I.

Du départ, amis, voici l'heure,
Le soleil a rougi les flots ;
Sur la grêve, on s'embrasse, on pleure.
La barque attend les matelots !
La foule en vain nous environne,
Plus de plaintes, plus de douleurs,
Chantons une hymne à la Madone,
La protectrice des pêcheurs !

II.

La voile s'enfle sous la brise,
La cloche a retenti dans l'air,
La barque, à la vague soumise,
Semble au départ nous appeler ! ..
Mais, qu'à l'espoir on s'abandonne,
Jeunes marins, cessez vos pleurs !
Chantez l'hymne de la Madone,
La protectrice des pêcheurs !

III

Adieu, terre du ciel bénie,
Jardins, abris des plus beaux jours;
Sur les flots, loin de sa patrie,
Le marin vous rêve toujours ! —
La foudre, en vain, sur son front tonne,
Pour bannir dangers et terreurs...
Il chante une hymne à la Madone,
La douce étoile des pêcheurs !

IV.

Avec l'oiseau, riant présage,
Désertant de lointains climats,
Nous reviendrons sur ce rivage,
Et ses fleurs orneront nos mâts !...
Offrant une riche couronne,
Vierge ! à vos autels protecteurs,
Nous rendrons grâce à la Madone,
La douce étoile des pêcheurs ! !

Antony Renal.

QUI DONC ES-TU !

— Pourquoi marcher isolément.
Dans les grands sentiers de la vie?
Pourquoi tes yeux au firmament?
Est-ce regret ou bien envie?
Es-tu, parmi nous, en exil,
Loin du foyer qui t'a vu naître?
Ton martyre, dis, quel est-il?
Ton secret je veux le connaître.

—Je suis un orphelin, n'ayant ni feu ni lieu,
Sans parents, sans amis, sans soutien, sans fortune ;
Mais j'ai, pour me guider dans la route commune,
L'espoir et le travail, et l'amour et mon Dieu !

 — Qui donc es-tu, fier artisan,
 Qui triomphes dans l'industrie ?
 Sur ton habit brille un ruban,
 Ruban d'honneur de la patrie !
 On s'écarte devant tes pas ;
 Ton nom vainqueur, chacun l'acclame !
 Pourtant, si tu ne le dis pas,
 On sent encor pleurer ton âme !

— J'étais un orphelin, n'ayant ni feu ni lieu,
L'espoir et le travail ont hâté ma fortune.
Je ne suis plus tout seul dans la route commune ;
Il me manque l'amour, donnez-le moi, mon Dieu !

 — A nos yeux qui vient de passer ?
 Quelle est la belle jeune fille ?
 Qui près d'elle vient se placer,
 Et fait l'orgueil d'une famille ?
 Dis ton nom, époux radieux
 Qui peux porter bien haut la tête ;
 Tu dois compter nombre d'aieux,
 Pour être roi de telle fête !

— J'étais un orphelin, n'ayant ni feu ni lieu,
L'épouse et les parents ont comblé ma fortune :
J'avais, pour me guider dans la route commune,
L'espoir et le travail, et l'amour et mon Dieu !

         E DELTEIL.

SUR LA COLLINE.

Rêverie

O vallée
Etoilée
D'humbles fleurs
Que l'aurore
Fit éclore
Sous ses pleurs !

Sol fertile,
Frais asile,
Oasis
Où l'abeille
Qui s'éveille
Cherche un lis !

Où murmure
La ramure,
Rideau vert,
Où, dans l'herbe,
Perle ou gerbe,
L'eau se perd ;

Où l'Église
Garde, assise
Dans les bois,
Et des pierres
Tumulaires
Et des croix ,

Où s'abrite,
Pieux gîte,
Seul sacré
Le sévère
Presbytère
Du curé,

Où, sournoise,
Sous l'ardoise
Se cachant,
L'hirondelle
Se révèle
Par un chant ;

La colline
Te domine,
Préservant
Ton ombrage
De l'orage
Et du vent.

Sur la crête
Je m'arrête,
Je m'assieds
Quand je doute,
Et j'écoute
A mes pieds.

La nature,
Doux murmure
A, parfois .
O merveille !

Pour l'oreille
Une voix

Un chœur vaste,
Concert chaste,
Éternel,
S'en élève
Et s'achève
Dans le ciel

Douce extase !
Un nid jase,
Un flot court,
Un fruit tombe,
Une tombe
S'ouvre au jour

Une mouche
S'effarouche
Et bruit....
Le vent cueille
Une feuille
Qui s'enfuit.

Bruits sans nombre,
Chants de l'ombre
Et du jour,
Hymne immense
D'espérance
Et d'amour.

Alexandre FLAN

SOUVENIR D'ENFANCE.

Depuis que je n'ai vu ton ciel, ô mon village !
Ainsi qu'un vif éclair le temps rapide a fui,
Dix ans se sont passés, mais du moins ton image
A souvent de mes jours distrait le long ennui.
Quand un furtif espoir tient mon âme indécise,
Quand le néant répond à des soins superflus,
Il me souvient alors de la petite église
Où nous allions prier le soir à l'Angelus.

A l'ombre des ormeaux, sous les yeux de nos mères,
Les hivers s'écoulaient en innocents plaisirs.
Nous ne nous formions point de trompeuses chimères,
Car nous savions, enfants, limiter nos désirs.
Loin du rivage heureux où la vague se brise,
Nous n'allions point chercher des mondes inconnus,
Le nôtre finissait à la petite église
Où nous allions prier le soir à l'Angelus

La gloire ! Oh ! que ce mot a d'éclat et de charmes !
Comme il est séduisant ! mais que, souvent hélas !
Il cause de chagrins, de tourments et de larmes
A l'imprudent qui cède à ses brillants appas !
Au banquet somptueux où la gloire est assise,
Pour autant d'appelés combien peu sont élus !
Chacun avait sa place à la petite église
Où nous allions prier le soir à l'Angelus

Sous ces vastes lambris où l'heureuse richesse
Etale son écrin au milieu des flatteurs,

J'ai vu des courtisans, pour la moindre largesse,
Se faire du veau d'or les vils adorateurs.
J'ai vu, dans ces palais où règne la feintise,
Encenser tour à tour ce qui brillait le plus !
Le christ était en bois dans la petite église
Où nous allions prier le soir à l'Angelus.

Dix ans ! déjà dix ans ! . Durant ce long voyage,
Entraîné malgré moi par un monde insensé,
Je me suis laissé prendre à son brillant mirage,
Et je vous ai, mon Dieu ! bien des fois offensé
Pardonnez ! Et qu'un jour votre main me conduise
A ce pauvre village où l'on croit aux vertus,
Pour que je puisse encor à la petite église
Aller prier en paix le soir à l'Angelus

Edmond Audouit.

LA JEUNE ECONOME (1).

Ah ! maman, voyez-donc tous ces petits gâteaux !
Achetons-en ; ils sont aussi bons qu'ils sont beaux !
—Tu n'as pas faim !—Oh ! si, très-faim, je vous assure.
— Cette faim, mon enfant, est gourmandise pure.
— Mon père m'a donné deux sous pour mon devoir.
Dans ma poche je dois encore les avoir,
Le marchand dit, maman, que chaque gâteau coûte
Un sou ; ce n'est pas cher, j'en vais prendre un —Ecoute?
Un sou te paraît peu, sais-tu qu'au bout de l'an
Un sou par jour ça fait...—Eh combien donc, maman ?

(1) La société des Jeunes Economes est une des plus anciennes des œuvres de charité de Lyon

— Dix-huit francs.—Tant que ça?—C'est justement la
Que donne par année une *jeune Econome*.　　[somme
Qu'est-ce que c'est, maman? — As-tu vu, ce matin,
Ces dames?—Qui parlaient d'enfants pauvres, sans pain?
— Elles venaient pour toi, ma chère Marguerite ;
(La charité forcée a bien peu de mérite),
Je voulais que de toi vînt la bonne action ,
Pour t'instruire, épiant la moindre occasion,
Je la trouve ; tu vois au milieu de nos rues,
Des enfants comme toi, mais pauvres, mal vêtues !
Bien souvent ces enfants ont faim, faim tout de bon.
Sans un morceau de pain dans leur pauvre maison
Afin de les nourrir, de jeunes demoiselles
Chaque jour, de côté, mettent un sou pour elles.
A ces pauvres enfants, de ces sous réunis,
L'on achète du pain et de meilleurs habits
On leur donne un azile et des sœurs charitables
Les instruisent, leur font aimer Dieu, leurs semblables,
Leur enseignent à coudre, à broder, devider
L'on est venu savoir si tu voulais aider
A ces pauvres enfants par ta petite bourse,
Et d'un sou, tous les jours, leur faire une ressource ?
Mais des petits gâteaux il faudra te passer.
— Dès à présent, maman, je vais n'y plus penser :
Puisque vous m'avez dit que ces petites filles
Que je vois mendiant, couvertes de guenilles,
N'ont rien de quoi manger et qu'elles ont bien faim,
Je veux pour mon goûter prendre toujours du pain,
Et leur donner mes sous　Et l'enfant pauvre nomme
Une mère de plus, une *jeune Econome*.

Sophie BALLYAT

CES DAMES

Nos trottoirs désormais devront être élargis :
Ces dames, s'emparant de toute leur surface,
Ne veulent plus permettre aux passants ébahis
    D'y trouver une place.

Pourtant nous nous gênons en chevaliers galants,
A peine du trottoir nous effleurons la marge,
Mais les cercles d'acier, qui portent leurs volants,
    Nous rejettent au large.

Si messieurs vos maris prodiguent le velours
Aux singuliers excès de votre frénésie,
C'est que probablement on a mis au concours
    Un prix d'hydropisie.

Vous voulez le gagner et, pour y parvenir,
Vous gonflez les ballons de vos décuples jupes ;
Mais nous ne voulons pas vous donner le plaisir
    De paraître vos dupes.

On sait parfaitement que ces immenses flots
De moire et de satin, mensonger étalage,
Recouvrent bien souvent de maigres petits os,
    Sous leur échaffaudage.

On ne peut pas prévoir jusqu'où sera porté
Le développement de votre vaste sphère ;
Car vous avez rayé l'impossibilité,
    Dans le vocabulaire.

Vous nous avez prouvé, j'en conviens avec vous,
Qu'en fait de ridicule il n'est rien d'impossible,
Et que longtemps encore à nos trop justes coups
    Vous servirez de cible.

C'est vraiment merveilleux de voir venir de loin
Ce paquet ambulant, cette chose sans forme,
Appelée une dame, et barrant le chemin,
    Comme un obstacle énorme.

Si, quittant par hasard son monde élyséen,
Tout à coup parmi nous paraissait Praxitèle,
Il ne connaîtrait plus le sexe féminin
    Dans cet affreux modèle.

A la fureur des flots Dieu qui sait mettre un frein,
Ne peut-il imposer l'arrêt d'une limite
A ces vastes jupons, qui couvrent le terrain
    De leur immense orbite?

J'ai bien crainte que non, et Dieu risque de voir
Échouer les efforts de sa toute-puissance
Contre les volontés du suprême pouvoir
    Qui lui fait concurrence.

Le bon Dieu, le matin, et, le soir, le démon,
Réclament tour à tour chez vous la préséance,
Et vous menez de pair le bal et le sermon,
    Dans votre conscience.

Hélas! c'est bien en vain que le père Félix,
Contre le Dieu du monde a jeté l'anathème,

Nous avons vu bientôt renaître le phénix,
    A la fin du carême.

Quand reviendra le temps du prochain carnaval,
Vous aurez oublié la semonce impolie,
Et vous reporterez, dans les salles de bal,
    Le luxe et la folie.

Pendant que vous mettez la raison au rebut,
Pendant que le plaisir vous fournit une escorte,
La vieillesse importune, arrivant à son but,
    Vient frapper à la porte

                Paul Saint-Olive.

UN HOMME MAL JUGÉ
Lettre.

Pour tout spiritueux ma haine t'est connue ;
Ami, tu te souviens de cette bienvenue :
Que je fêtai, conscrit, au sixième lanciers,
En offrant de l'orgeat aux vieux sous-officiers ;
Tu sais que, pour ma vue, admis à la réforme,
Je restai sobre après comme avant l'uniforme :
Lorsque ma face est pourpre, on peut conclure enfin,
Que le sang en est cause et non le *jus divin*,
Il paraît cependant que j'aime le *Bourgogne* :
Si j'en crois mon quartier, je ne suis qu'un ivrogne....
— Une chûte me vaut cette célébrité —
L'autre jour, par mes maux de tête, inquiété,
J'entre, la joue en feu, chez un apothicaire....
Il faisait du brouillard et je n'y voyais guère,

D'autant moins que j'avais au nez des verres-bleux.
Mon pied rencontre, au seuil, un obstacle anguleux,
Et, patatras ! je croule en pleine pharmacie,
Comme un homme frappé d'un coup d'apoplexie.
Faisant voler de droite à gauche les bocaux,
Mes lunettes avec les débris médicaux.
Je te laisse à penser quel chaos dut s'en suivre !
Un cri part du comptoir : « L'animal ! il est ivre ! »
Je proteste en soufflant, mais de telle façon,
Que je semble être pris, en effet, de boisson ..
On me bouscule .. Ah ! mais ! le sang en moi s'allume :
De rage, à cet affront, je bégaie et j'écume ;
Et dans l'absurde impasse où je suis compromis,
Je provoque en duel et patron et commis
— C'était manifester un vin mauvais. — De sorte
Que vite au corps de garde on va quérir main-forte..
En attendant, on cherche à m'amuser un peu :
On a l'air d'accepter mon cartel avec feu ;
Puis, tout-à-coup, un poing à la gorge me serre,
Et me voilà conduit devant le commissaire.
Ce magistrat, après la déposition,
M'adressa vertement une admonition :
« Quelle honte ! Un bourgeois ! » — Trop ému pour ré-
Une attaque de nerfs en larmes me fit fondre, [pondre,
Et, devant ce tableau, des gens facétieux,
Dirent : « *C'est le bon vin qui lui sort par les yeux !* »
Ma femme arrive enfin ! Je suis sauvé par elle,
Mais, au retour, grand Dieu ! l'effroyable querelle :
Je ne puis l'arracher de la commune erreur :
« Puah ! que tu sens le vin, fit-elle, avec horreur !
On me couche Un docteur m'examine et, cet âne,
Si je fais tant d'excès, à la mort me condamne ! !...

C'est un concert de blâme, auquel chacun prend part.
Mon beau-père en devient stupide à mon égard
Ne m'a-t-il pas inscrit d'office, l'hypocondre !
Dans la société de tempérance, à Londre !
Par-Dieu ! c'est révoltant ! et puisque l'on y tient,
L'eau d'une étrange sorte à la bouche me vient :
Demain, dussé-je encore, ami, casser les vitres,
Je t'offre, au lieu d'orgeat, du vin blanc et des huîtres.

Prosper Delamare

LES CHAINES.
Fantaisie.

Tout s'enchaîne ici-bas, dans le monde où nous sommes,
Aux anneaux de la vie où l'on est attaché !
La chaîne est un présent funeste que les hommes
Ont reçu du Seigneur dès qu'ils eurent péché !

Voyez sur l'univers la chaîne des montagnes,
Volcans, bouches d'enfer, ou rochers menaçants,
Ou neiges, dont la fonte inonde nos campagnes.
Asile, où le bandit rançonne les passants.

Puis, nous avons encor les chaînes de la rue,
Que, jadis, on tendait dans chaque carrefour,
Arrêtant des truands la bande dissolue
Qui lançait sur Paris ses serres de vautour !

N'avons-nous pas au bagne une terrible chaîne,
Séjour anticipé du royaume infernal ?
Là, gémissent dans l'ombre, et l'envie et la haine,
Le noir esprit du meurtre et l'archange du mal !

Puis, arrive à son tour la chaîne de l'esclave.
Pauvre noir, que le fouet marque de coups sanglants !
Elle vient appuyer, de sa honteuse entrave,
Des lois que, malgré Dieu, se sont forgés les blancs !

Ah ! tournons nos regards vers des chaînes plus douces !
Car il en est aussi qui tarissent nos pleurs !
Vers les ombrages frais, dans les prés et les mousses,
La bergère a passé sous des chaînes de fleurs !

Le feu dans sa chaumière a-t-il voulu l'atteindre ?
Vite on forme une chaîne ; et l'eau, de main en main,
Passe rapidement et finit par éteindre
Ce feu déjà vaincu, qu'on oubliera demain !

Pour guérir les goutteux et les paralytiques,
Ces maux de notre triste et pauvre humanité,
N'avons-nous pas encor les chaînes électriques,
Qui calment les douleurs et rendent la santé !

Une *Chaîne*, de Scribe, est jouée au théâtre !
Molière donne asile au génie, au talent,
Qui rêve, chaque soir appuyé devant l'âtre,
L'effet des passions au fond d'un cœur brûlant ?

Enfin, pour terminer cette longue série,
Pourquoi ne pas citer les chaînes de l'hymen,
Ces liens adorés, où l'on passe sa vie
A parcourir à deux le plus riant chemin !

Marc Constantin

FLEURS HATIVES.

Sonnet.

Suivi des souvenirs de ma normande plage,
Parfois, portant mes pas et ma tristesse ailleurs,
Je rencontre un pommier tout jeune et tout en fleurs,
Quoique de bois chétif et presque sans feuillage ;

Je rencontre un enfant, parmi ceux d'un village,
Qui semble, à son maintien, n'être pas un des leurs. .
Pauvre ange aux grands yeux bleus, aux fiévreuses cou-
Grave et pensant raison si longtemps avant l'âge ! [leurs.

Les gens de ce pays sont pleins d'espoir alors :
L'enfant et le jeune arbre aux précoces trésors.
On les fête à l'envi, mais moi, mon cœur se serre,

Car, pour l'arbre et l'enfant, ma mère avait chez nous
Un triste adage appris par moi sur ses genoux,
C'est : « *Croître de souffrance et fleurir de misère !*

Alexandre Cosnard

Lyon — Imprimerie d'Aimé Vingtrinier quai Saint-Antoine 36

LA MUSE DES FAMILLES.

I.

Jeunes enfants, qui de la vie
Épelez le livre entr'ouvert,

Dans la route, par moi suivie,
Venez... et marchons de concert
L'instant qu'à vos jeux je dérobe,
De bons doit vous rendre meilleurs :
Venez.... dans les plis de ma robe
J'ai des étoiles et des fleurs.
Admise au foyer de vos mères,
Je vous apporte des leçons ;
Pour vous les rendre moins amères,
J'ai mon sourire et mes chansons.

II.

Amis, je vous dirai *la Chanson du feuillage*,
    Les Stances d'Émile Deschamps,
Un vrai poète, à qui vous devez rendre hommage.
  Le Sonnet de Plouvier — et *Pâques...* une page
    De vers suaves et touchants.
A causer avec moi vous trouverez des charmes,
    Soit qu'au pied d'un frêle arbrisseau
    Je vous raconte avec mes larmes
    Les Funérailles d'un oiseau ;
    Soit encor qu'au sortir de classe,
Inspirant le respect à vos cœurs bons et doux,
    Je dise : Inclinez-vous...
    Cette femme qui passe,
    C'est la *Folle aux cailloux*.

III

Qui je suis ? La dixième Muse...
Ce nom profane vous abuse,

Car au fond j'ai l'esprit chrétien.
Jeunes garçons et jeunes filles,
Je suis *La Muse des Familles*....
La sœur de votre ange gardien.

Alexandre FLAN

ILS SONT VIEUX.

Hélas, grands Dieux ! *quantum mutatus ab illo !*
La canne a remplacé l'élégante cravache,
Et son oreille entend l'impertinent écho
    Le traiter de ganache.

Des choses d'ici-bas c'est le triste retour :
Vous avez trop souvent à l'écho malhonnête,
Appris à répéter le mot qu'il doit un jour
    Vous jeter à la tête.

Voyons, confessez-vous ; je crois en vérité
Que, si pour vous juger vous devenez arbitre,
Vous avoûrez, sans peine, avoir bien mérité
    Ce ridicule titre.

Tout aussi bien que vous j'étais jeune autrefois ;
Le sang en bouillonnant circulait dans mes veines,
Et j'ai, sans résister, souvent porté le poids
    De tyranniques chaînes

Mais cependant, l'esprit m'a toujours été cher,
Et dans le coffre-fort de mon intelligence
J'ai su constituer, pour la saison d'hiver,
    Un fonds de prévoyance.

Tandis que vous, Messieurs, différemment épris,
Vous n'avez estimé que les riens de la mode,
Et poursuivi parfois de vos petits mépris
    Ma prudente méthode.

Quand vous embarrassiez d'ongles démesurés
Votre élégante main, victime volontaire,
Vos doigts nous apprenaient qu'étant ainsi parés
    Ils n'avaient rien à faire.

Vous cherchez vainement, pour vous donner appui,
Au fond de votre sac la plus légère somme :
Vous n'y rencontrerez, en fouillant aujourd'hui,
    Qu'un ci-devant jeune homme.

Vous perdez presque tout, en perdant vos cheveux.
Il ne vous reste plus, pour unique ressource,
Que le vulgaire droit des jeunes et des vieux
    De fréquenter la Bourse

Du matin jusqu'au soir, du soir au lendemain,
Votre esprit désœuvré calcule et *boursicote*,
Et, si vous voulez lire, il vous faut prendre en main
    La feuille de la cote

Dans sa bonté, le ciel a daigné répartir
A chaque âge de l'homme un lot de jouissance ;
Mais celui qui prétend un jour le recueillir
    Doit semer à l'avance

Quand la folle jeunesse était en floraison,
Vous chantiez tout le jour, ainsi que la cigale :
La prudente fourmi de sa vieille leçon
    Maintenant vous régale.

Si l'estomac, chez vous tenant le gouvernail,
Offre seul un logis à votre intelligence,
Il ne pourra jamais vous promettre qu'un bail
    A bien courte échéance.

Dans ce triste réduit, l'ennui décoloré
Se ligue contre vous avec votre catarrhe,
Et permet seulement, au pauvre désœuvré,
    Le wisth et le cigare.

Pour le sage, qui sait en faire son profit,
La vieillesse n'a pas un effrayant visage :
C'est le calme des sens, le règne de l'esprit,
    Le port après l'orage.

Paul Saint-Olive.

LA MÈRE.

Il est au sein de la nature
Des instincts, des accords secrets :
L'herbe qui croît, l'eau qui murmure,
Les grandes ombres des forêts,
Le roseau qui vers l'eau se penche,
Le cri lugubre des hiboux,

Le vent jouant avec la branche,
Mon fils, tout me parle de vous !

Chaque être, ici, conserve encore
Le souvenir du temps heureux,
Où côte à côte dès-l'aurore,
Aux champs nous travaillions tous deux :

Votre nom, comme un doux fantôme,
Glisse sur la feuille des bois ;
Je crois vous voir dans chaque atôme,
Dans les airs, j'entends votre voix.

Si la mémoire est infidèle,
Allons où nous avons pensé,
Là, le moindre objet nous rappelle
Ce qui, chez nous, s'est effacé ;
Mais, ô mon fils, un cœur de mère
N'a pas besoin d'un tel secours ;
Même sur la terre étrangère
Il aime et se souvient toujours.

Sophie Ballyat

LE SULTAN ET LA MOUCHE. (1)

Près d'un Sultan veillait son auguste sultane.
Nonchalamment, cet empereur

---

(1) Cette bluette est extraite d'un volume de Fables-Proverbes que l'auteur doit faire paraître prochainement. Il contient une introduction de M de Lamartine, et les sujets sont illustrés par Rosa Bonheur, Gavarni, Daubigny, Gustave Doré, etc

Sommeillait sur une ottomane.
Lors, sous le nez du tranquille dormeur,
Une mouche s'abat... Mais, selon sa coutume,
De leur donner la chasse, avec sa longue plume,
La vigilante main vous l'effleure aussitôt .
Sans succès. Le Sultan se réveille en sursaut :
Vous supposez qu'il vint, le sourire à la bouche,
Tenir à la Sultane un propos des plus doux?
C'eût été naturel : eh bien ! détrompez-vous..
Il prit la mouche !

L. Berlot-Chapuit.

LE RUISSEAU

Clair ruisseau, ruisseau qui serpentes
Par les vallons, par les halliers,
Et qui fuis sous ces vertes tentes
    D'aunes, de peupliers !

Suspends aux calices, aux branches,
Tes émeraudes, tes rubis ;
Répands toujours tes larmes blanches
    Parmi les cailloux gris !

Dans les blés quand ta vague ondoie,
Dans la blonde plaine, à nos yeux,
Tu parais un ruban de soie
    Parmi de blonds cheveux.

Jamais une brise océane
Ne te confia ses accords.

Le zéphire de la savane
    Seul habita tes bords.

Nos nefs n'ont pas, comme des Faunes,
Troublé ton cours hospitalier,
Et tes nefs sont les feuilles jaunes
    Qui tombent du hallier.

Désertant ses antres sauvages,
Un peuple qui cherche l'exil,
N'est pas venu sur tes rivages
    Te baptiser le Nil !

Jamais dans tes riches campagnes,
Jamais sur tes bords dévastés
Tu ne verras ces vastes bagnes
    Qu'on nomme des cités !

Jamais, ruisseau, ruisseau folâtre,
Tu ne verras dans le saint-lieu,
Les cent voix d'un peuple idolâtre
    T'adorer comme un Dieu.

Pour chercher la source inconnue,
Avec un Néron, un tyran,
Une horde n'est pas venue
    Teindre tes flots de sang.

A ton cours dans notre contrée,
On n'a pas donné le renom,

Ta source est encore ignorée,
  Pauvre ruisseau sans nom !

Pourtant, il est des moissons blondes,
Des pampres, de riches engrais
Sur les rives que tu fécondes,
  Ne désoles jamais

Pourtant, plus d'une âme d'archange
Vient du contact d'un monde impur
Effacer les traces de fange,
  Dans tes lames d'azur.

Le platane, la verte nappe
Dont tu rafraîchis la verdeur,
Pour le pélerin sont l'étape
  Qu'à mise le Seigneur.

Le barde te doit sa ballade,
La génisse te doit son lait ;
La jeune fille, la grenade
  Qui brille à son corset

Et la mésange qui butine.
Qui fuit l'ombre de nos jardins,
Trouve en ta vague cristalline
  L'onde de ses festins.

Et moi, qui fuis la folle troupe
Qui passe sans fixer le ciel,

178

Ami, j'ai puisé dans ta coupe
    Bien des gouttes de miel !

Tu ne réfléchis pas la nue,
Toi qui roules parmi les joncs,
Qui te dérobes à la vue,
    Pour répandre tes dons.

Et, dans cette Arabie heureuse,
Le maître dont tu fait l'espoir,
Entend ta plainte harmonieuse,
    Et, passe sans te voir.

Par de là les airs et les nues,
Par de là les champs éthérés,
Qu'il est d'étoiles méconnues,
    De mondes ignorés !

Océan, combien tes abîmes
Roulent de perles dans leurs eaux !
Qu'il est de harpes dont les hymnes
    Ne trouvent pas d'échos !

Combien l'homme, en ce promontoire,
A foulé d'épis sous ses pas ?
Qu'il est de beaux noms dont l'histoire
    Ne nous parlera pas !

Clair ruisseau, ruisseau que j'adore,
N'échange pas l'herbe des prés

Pour une plage plus sonore,
    Pour des sables dorés !

Use ton onde murmurante,
A courir les monts et les bois,
A fuir avec la voix touchante,
    Avec ta douce voix !

Qu'importe le nom ou la source !
Que Dieu qui nous donne l'élan,
Ait mis, pour but de notre course,
    L'abreuvoir, l'Océan !

Ruisseau, murmure ; fleuve, gronde ;
Allez où vous dit l'Éternel !
Fleuve ou ruisseau, toujours votre onde
    Est la fille du ciel !

Francis Tourte.

NOTRE-DAME DE FOURVIÈRE.

A Mme Servan de Sugny.

SONNET.

Fleur immortelle, éclose au beau jardin des cieux,
Lis, dont rien n'a terni l'éclat mystérieux,
Eblouissant fleuron de la sainte couronne
Qui, sur le front du père, astre immense, rayonne,

De la grâce divine emblème glorieux,
Dont l'adorable nom se répète en tous lieux,
Source de l'espérance, âme pudique et bonne,
Qui soutiens l'innocent, au profane pardonne,

Bien des autels, ornés de mousse ou de saphir,
Consacrent, ici-bas, l'antique souvenir
Du modèle charmant des vierges et des mères !

Mais, nul encens ne vaut celui que la ferveur
Te prodigue en nos murs, du plus profond du cœur,
Patrone de Lyon, Madone de Fourvières !

Félix Daviot.
Sous-Aide-Major

L'AMI DE COLLÉGE
Lettre.

Je suis désenchanté des amis de collége !
J'en avais un — Je lis dans l'almanach de Liége,
Qu'il est ministre. « Ah ! bas, me dis-je ! en tel emploi,
« Cet ami là ne peut que s'employer pour moi.
« Par-Dieu ! ça m'irait fort qu'il m'offrît une place,
« Là-bas, à ses côtés, comme j'étais en classe.
« Renouons avec lui. C'est un homme d'honneur,
« Et mon amitié doit manquer à son bonheur. »
Donc, au chemin de fer, en wagon je m'installe,
Et, par un train direct, pique à la capitale.
Là, pressé d'en finir, et, faute d'un permis,
Chez mon homme d'état ne pouvant être admis,
Je l'attends à sa porte embusqué dans un angle ;
Il sort et je l'étreins, mais lui croit qu'on l'étrangle ;
J'ai la douleur de voir qu'il ne me remet pas....
Il me faut, évoquant nos classiques ébats,
Notant les prix qu'il eut, prix de grec et d'histoire,
Grâce à sa vanité, lui rendre la mémoire ...

Il se rappelle alors que j'étais bon garçon,
Et daigne à son diner m'inviter sans façon.
J'accepte —... Plein de verve, à table, je m'applique
A lui tracer des plans pour la chose publique,
Et, le repas fini, l'attirant à l'écart,
Je lui souffle mon vœu d'être chef quelque part....
« — Oh, fit-il ! n'as-tu pas ferme et moulin ? »
                              — « Sans doute ! »
« Mais j'ai pris en dégout les champs où l'on s'encroûte.
« Mieux vaut la capitale ! et je voudrais m'y voir
« Bien placé, te prêtant mon concours au pouvoir.. »
Sur ce, mon ami tousse et, de l'œil, fait un signe
A quelqu'un qui pour lui, sans doute, parle et signe.
— Cet appel me promet un arrêté flatteur :
Je me crois nommé Chef sinon Sous-Directeur —
Or, ce quelqu'un, d'ailleurs, de formes très-polies,
M'interpelle et se met à dire des folies,
Je riposte !.. Il se fait un grand assaut d'esprit,
Je ris et devant moi comme moi chacun rit.
On m'entoure en disant : « Quel entrain est le vôtre ! »
Puis, je me sens poussé d'un salon vers un autre ;
Mon chapeau, sans que j'aille au pater le chercher,
Vient, par enchantement, sur mon front se percher ;
Ma canne, entre mes doigts, furtivement se glisse,
De ce jeu clandestin ma faconde est complice :
Je bavarde et, perdant toujours plus de terrain,
Je me vois dans la cour... dans la rue... au serein,
Porte au nez ! — Très-vexé, je veux rentrer ! je sonne !.
Je resonne et je frappe !.. Enfin une personne,
Apparaissant, me dit d'un air effarouché :
« Monsieur, il est trop tard ! Le Ministre est couché !... »
Le lendemain, je tente une rentrée occulte,

Mais on m'évince avec une espèce d'insulte....
J'en tente deux encor... trois... quatre et suis chassé!.
Bref, sous grande enveloppe, avis m'est adressé,
M'engageant à lever ce ridicule siége. ....
Mon ami, le ministre, (un ami de collége),
M'ayant refusé place en son département,
J'ai regagné le mien.... assez piteusement.

Prosper Delamare

HYMNE A MARIE.

Imitation libre de l'*Ave, maris stella*.

Salut, étoile lumineuse,
Qui guides le navire errant au sein des flots,
 Et, dans une nuit ténébreuse,
Apparais comme un phare aux yeux des matelots!

Salut, Vierge sans tache, entre toutes bénies!
Ainsi te salua l'archange Gabriel,
 Quand son message solennel,
 Vint annoncer — pour toi, gloire infinie, —
Que ton flanc porterait le Fils de l'éternel!

Toi qui, par un mystère, as changé le nom d'Ève;
 Réhabilité désormais,
 Toi qui nous combles de bienfaits,
Refuge des pécheurs! que ton œuvre s'achève,
En nous faisant goûter les douceurs de la paix!

 De ton égide protectrice,
Nul n'a jamais en vain invoqué le secours.

Les affligés, à ta bonté propice,
Porte du ciel! douce consolatrice!
Peuvent sans cesse avoir recours.

Du pécheur, de l'infirme, écoute la prière. .
Du joug, de tout honteux lien
Délivre l'âme prisonnière;
Donne aux aveugles la lumière ;
Au mal, longtemps vainqueur, fais succéder le bien.

Souris-nous, fleur de la vallée,
Éclose au rayon matinal!
Sur notre terre désolée
Répand ton parfum virginal.

Montre-toi toujours notre mère ,
Marie! intercède pour nous
Auprès du Dieu qui vint sur terre,
Pour souffrir, en nous sauvant tous.

N'es-tu pas l'*Arche d'Alliance*,
Gage d'espoir et de pardon?
Heureux qui met sa confiance,
Reine des cieux, en ton saint nom!

Vierge, qui vécus humble, et demeuras fidèle
Au précepte sacré qui dit : Douceur! Amour!
Quand pour nous ta bonté chaque jour se révèle,
Fais que nous devenions, te prenant pour modèle,
Humbles et doux, à notre tour.

Pour secourir partout le malheur, la souffrance,
    Inspire-nous la *Charité ;*
Que du ciel, à ta voix, descende l'*Espérance,*
    Qui console un cœur attristé.

Ravive en nous la *Foi* qui dissipe le doute
    Et les prestiges de l'erreur ;
Que son flambeau nous guide, en éclairant la route
    Qui doit nous conduire au Seigneur.

    Veille sur nous, mère chérie !
    Daigne en tout temps nous protéger ;
    Afin qu'évitant le danger
Qu'offrent à chaque pas les écueils de la vie,
Nous jetions l'ancre au port de la sainte patrie ;
But où tous nos efforts doivent se diriger.

Puissions-nous, soutenus par ta main secourable,
Des luttes d'ici-bas sortir victorieux,
Partager des élus le destin glorieux,
    Et goûter la joie ineffable,
    Le bonheur pur, inaltérable,
    Qui n'habitent que dans les cieux !

Charles DEVERT.

SEUL AU MONDE !

« Pauvre enfant ! que fais-tu sur cette froide pierre,
    A cette heure de nuit, alors que tout s'endort ? »
— Je suis abandonné, je suis seul sur la terre ;
    Las ! Seul ! et je suis si peu fort !

J'ai voulu travailler, je n'en ai point la force ;
Voyez, regardez moi, si chétif ! si petit !
A m'endurcir le corps vainement je m'efforce,
    Tout m'abandonne et me trahit !

J'ai prié le Sauveur et la Vierge Marie,
De ne pas me laisser ainsi, sans nul appui ;
Et mes vœux au Seigneur qui veille sur la vie,
    Ne sont pas montés jusqu'à lui.

Combien de fois, hélas ! après une prière,
Mourant de faim, de froid, et l'esprit torturé,
Comme ce soir, posant mon front sur une pierre,
    Je n'ai pas dormi, j'ai pleuré !

J'ai versé bien des pleurs, en proie à la froidure,
Comme au soleil brûlant, comme au jour pluvieux ;
Seul, j'ai tout souffert ! tout ! et seul dans la nature,
    Mon cœur s'élançait vers les cieux.

Et les cieux quelquefois, tout parsemés d'étoiles,
Semblaient pour moi s'ouvrir, pour moi, si malheureux !
D'autres fois d'un vaisseau je contemplais les voiles,
    Avec des larmes dans mes yeux ;

J'aurais voulu partir : quitter cette patrie
Qui laissait un enfant et pleurer et gémir
Sans lui jeter un mot, et sans voir que sa vie
    Ainsi que l'ombre, allait finir !

Délivrez moi, mon Dieu, de cette crainte amère !
Jésus ! Sauveur divin ! fermerez-vous les bras?
Et vous, Vierge des cieux, n'êtes-vous plus ma mère ?
    Ou bien ne m'entendez-vous pas !

Je ne sais qui m'a mis dans cet immense espace ;
D'une mère jamais je n'entendis la voix ;
Rien ! .. je n'ai rien à moi !. . même pas une place
    Pour venir m'asseoir quelquefois !

Et quand le soir, lassé d'une triste journée,
Je demande un asile avec un peu de pain,
La porte se referme, et, la tête inclinée,
    Je n'ai d'espoir qu'au lendemain ;

Le lendemain arrive !. . alors, même souffrance !
Oh dites ! n'ai-je pas le droit de murmurer ?
Car, lorsque l'on me tend le pain de l'indigence,
    On rit quand on me voit pleurer !

La colombe a son nid pour reposer son aile ;
L'abeille dans la fleur vient chercher le repos ;
Dans un feuillage épais, la tendre philomèle,
    Le soir, vient chanter aux échos,

Moi, je n'ai point d'abri comme eux, et je m'incline
Ou sur la froide terre, ou sur le sol brûlant ;
Tantôt dans le vallon, tantôt sur la colline,
    Toujours, hélas ! toujours errant !

Je marche dans la vie, et sans nulle espérance !
Sans but et sans secours je poursuis mon chemin ;
Rien n'allégit le poids de ma longue souffrance,
    Personne ne me tend la main !

Personne ne m'attend ; nul ne cherche ma trace ;
Seul, hélas, j'ai vécu, seul bientôt je mourrai,
Car je sens que mon cœur s'envole dans l'espace,
    Et qu'au ciel, ce soir, je viendrai. —

— La voix de l'orphelin, ainsi qu'une lumière,
Par degrés s'éteignit, puis cessa tout à fait
Il semblait s'endormir, et son âme légère,
    Au ciel, avec bonheur, montait.

Élise Mallerange

LA CHARITÉ.

I.

Les femmes, ici-bas, sur cette pauvre terre,
Sont des anges du ciel que, par un saint mystère,
Dieu plaça près de nous pour adoucir nos pleurs,
Comme, auprès de la ronce, il a placé les fleurs.

Un seul mot de pitié de leur bouche bénie,
Nous voilà rassurés, notre peine est finie,
Car leur voix qui, sur nous, semble tomber des cieux,
Rend le faible plus fort, l'affligé tout joyeux !..

Vierge toute d'amour, humble, et, cependant, belle.
Il en est une aussi, s'abritant sous son aile.

Fuyant l'éclat du jour, cherchant l'obscurité,
Et qui reçut, d'en haut, ce doux nom : CHARITE !
Elle donne au vieillard, pauvre, courbé par l'âge,
Et dit, en rougissant : « Que n'ai-je davantage!... »
Mais le peu qu'elle donne a tout le prix de l'or,
Car ce qui vient du cœur, — un rien, — vaut un trésor,
Ou bien, de l'orphelin, dont la perte est amère,
(Et qui sourit pourtant)! c'est la seconde mère...
Oui, rien qu'en se penchant sur le bord d'un berceau,
Elle est déjà l'appui de ce frêle arbrisseau !..
En se cachant toujours, en tous lieux elle passe ;
Mais, à ses bienfaits seuls, on devine sa trace,
Et s'il est des douleurs, qu'une main consola,
On dit : « LA CHARITÉ, bien sûr, passa par là ! »

II

— Et le riche envié, qu'impuissante et confuse,
Une parole ardente, incessamment accuse....
— Le riche, en ses plaisirs se montrant généreux,
Fait une large part, — celle des malheureux !

Son luxe reproché fait vivre cent familles,
Travailler bien des bras, doter de jeunes filles,
Et plaît à l'ouvrier, qui saurait dédaigner
L'or qu'on lui donnerait, — quand il veut le gagner !

Oh ! non, de notre époque il ne faut pas médire ;
Et si le mal est grand, évitons qu'il soit pire ;
Mais au luxe immoral, follement excité,
Opposons le bon sens, — surtout la charité !

Que rien ne nous alarme, ou ne nous décourage ;
En nous moquant des fous, applaudissons le sage ;
Faisons le bien, donnons, l'un beaucoup, l'autre peu ;
Chacun suivant son lot.... C'est une loi de Dieu !

Riche ou pauvre, donnons ; le peu qu'on abandonne,
Ailleurs, Dieu, pour beaucoup, un jour, le comptera ;
   Des grains donnés la moisson sera bonne, —
   Car, dans le ciel, Dieu les centuplera !..
      Aussi, de chaque gerbe
      Que mûrit le Seigneur,
      Laissons tomber, dans l'herbe,
Quelques épis pour le pauvre glaneur ...
Faire le bien porte toujours bonheur !

                        Émile BARATEAU.

CHANTE, MON BEL OISEAU !

Chante, mon bel oiseau, disait un petit ange
Qui tenait dans ses mains un superbe pinson,
Chante ton âge d'or, ton bonheur sans mélange.
Rien ne doit plus troubler ta joyeuse chanson.

Chante, mon bel oiseau : Ta nouvelle demeure
Qu'un habile ouvrier prépare avec ardeur,
Sera sûrement prête, aujourd'hui, de bonne heure.
Et, resplendira d'or, d'éclat et de fraîcheur.

Chante, mon bel oiseau : Des filets d'onde claire,
Serpentant à travers ton palais enchanté,
Formeront un bassin, sous le roc angulaire,
Où tu pourras mirer ton plumage argenté

Chante, mon bel oiseau : Ni le vent, ni la neige,
N'arriveront jamais jusques à ta maison;
Un éternel printemps sera ton privilége,
Et l'aubépine en fleurs ton riant horizon.

Chante, mon bel oiseau : Le froid ni la disette,
Ne viendront désormais menacer tes beaux jours.
J'amasserai pour toi chenevis et navette,
Tes greniers déjà pleins regorgeront toujours.

L'oiseau ne chantait pas. Comme un captif dans l'ombre,
  De son cachot obscur
Aux mains du jeune enfant, il cherchait, d'un œil sombre,
  Le ciel vaste et l'azur

Chante, mon bel oiseau, reprit l'enfant en larmes,
Je ne veux, tu le vois, que faire ton bonheur,
Pourquoi ces noirs chagrins et ces vaines alarmes,
Qui suspendent tes chants et te glacent le cœur?

Puis, songeant à sa mère, à sa vive tendresse,
A ses soins empressés, à ses douces leçons,
L'enfant baise l'oiseau, lui donne une caresse,
Lui rend sa liberté, sa mère et ses chansons.

CHERVIN aîné.

ILLUSIONS.

Illusions! . blondes chimères,
Délice et tourment de nos jours,
Rêves aux splendeurs éphémères,
Espoirs dorés, fraîches amours !

Fleurs qui mourez à peine écloses,
Hélas ! dans vos métamorphoses,
Rien ne saurait vous arrêter...
L'homme, que votre charme enivre,
Passe son printemps à vous suivre.
Son automne à vous regretter !

Gabriel Monavon.

LE SOLEIL ET LE PARESSEUX.
Fable

Mollement étendu sur un duvet malsain,
Un jeune paresseux maudissait la lumière
Qu'apportaient les rayons de l'astre du matin
A son cerveau rêveur, à sa frêle paupière.
— « Paresseux, lève-toi, disait le gai soleil ;
Sur la terre et dans l'air, tout chante à mon réveil.
L'oiseau construit son nid dans les branches de l'arbre,
L'abeille a déjà fait sa visite à la fleur,
La charrue est au champ ; dans la main du sculpteur,
Le ciseau depuis l'aube est à fouiller le marbre.
Courage, allons courage ; est-ce que le repos
Met le blé dans la grange et nourrit les troupeaux ?
Avec moi, tout s'éveille et me suit en ma course
De l'insecte aux humains, du torrent à la source,
Tout travaille et s'agite, et Dieu qui me conduit,
Pour toi-même, indolent, travaille jour et nuit.
Quels tableaux pour tes yeux : pendant que tu reposes,
Je mûris les épis et j'entr'ouvre les roses ;
Je fais monter la sève et sortir des rameaux
Le fruit qui te nourrit et remplit tes tonneaux.

Tu ne sauras jamais, toi qui ne te déranges,
Ce que coûte à gagner le seul pain que tu manges
Si le ciel était juste, il devrait, à la fin,
Te faire un peu souffrir des rigueurs de la faim. »
— « Insolent, dit notre homme écumant de colère,
Mon rideau va briser ton indigne lumière »
Au bas de la fenêtre était un pauvre enfant,
Qui déjà tout chargé revenait de son champ ;
Dont les pieds nus, meurtris, saignaient sur chaque
Il reposait son corps et pleurait sa misère.   [pierre ;
Le paresseux l'entend : il avait un bon cœur ;
Vite, il descend vers lui secourir son malheur,
Il se souvient alors du livre des apôtres
Qui nous dit : Aidez-vous, frères, les uns les autres !
En voyant tant de maux qui lui faisaient affront,
Il sentit la rougeur accourir à son front.
Il soulève l'enfant d'une main charitable,
Le fait entrer chez lui, le convie à sa table ;
Fait à l'infortuné ce que pour le prochain,
Dans sa sainte bonté, fit le Samaritain.
Pour la première fois, il sentit un bien-être
Et sourit aux rayons qui perçaient sa fenêtre.
— « Tu m'as donné du cœur, merci, divin soleil !
Je maudis l'apathie et son lâche conseil.
Si je n'ai pas besoin de mon travail pour vivre,
L'humanité me donne une autre œuvre à poursuivre.
Pour soulager le pauvre, adoucir son destin,
Soleil, sois désormais mon réveille-matin ! »

        Hippolyte POULLAIN.

LA SŒUR DE CHARITÉ.

Elle s'abrite loin du monde
Dans le silence du saint lieu,
Comme un cygne qui dort sur l'onde,
Cette douce fille de Dieu.

Dans l'ombre d'un chaste mystère,
Dérobant sa virginité,

Plus rien ne l'attache à la terre,
Plus rien, hormis la charité..

Quel charme divin l'environne,
Lorsque agenouillée à l'autel.
Son humide regard rayonne
Des pures extases du ciel!...

Sa joue, à la rose mystique,
Emprunte un reflet de pudeur;
A son front, le lis séraphique
Attache un nimbe de candeur..

Mais, qu'elle est plus touchante encore
Lorsque au chevet de pleurs mouillé,
Où la fièvre brûle et dévore,
Elle fait veiller la pitié!

Des vertus la tendre influence,
Comme un divin parfum, la suit;
Près d'elle on respire d'avance
Le ciel où son regard conduit.

Vision douce et bien-aimée,
Elle va, laissant tour à tour
Un espoir dans l'âme calmée,
Dans le cœur, un rayon d'amour...

C'est la fleur candide comblée
Des purs arômes de l'Éden,
C'est la colombe immaculée,
L'Eve du jardin céleste.

C'est l'âme en sa beauté première,
Trésor de grâce et de douceur,
Et que les fils de la lumière,
Du haut des cieux, nomment leur sœur.

C'est le trône où vient l'innocence
Régner au terrestre séjour ;
C'est l'ange de la bienfaisance,
De la prière et de l'amour !

Sur son front pur, la foi respire,
L'espérance brille en ses yeux,
La charité, sur son sourire,
Sème toutes les fleurs des cieux.

Sa main prépare le dictame
Et les baumes vainqueurs des maux ;
Partout on la voit, faible femme,
Sans crainte, affronter les fléaux.

C'est l'abri que la Providence
Garde à l'exil du pèlerin ;
C'est le trésor de l'indigence,
Le refuge de l'orphelin.

A l'infortuné qui frissonne
Sous son toit ouvert aux frimas,
Au vieillard que tout abandonne,
Son dévoûment ouvre les bras.

Du soldat mourant de misère,
Loin d'une mère et d'une sœur,
Comme une sœur, comme une mère,
Elle se fait l'ange sauveur.

Le coupable à qui, dans sa geôle,
Nul accent ne sait compatir,
Reçoit de sa voix qui console
La semence du repentir.

Doux séraphin dont l'aile blanche
Guide les âmes vers le port,
C'est encore elle qui se penche
Au triste oreiller de la mort .

Ainsi la voit-on sur la terre,
Le front ceint d'un pieux reflet,
Passer, vision tutélaire,
Comme si Dieu se révélait.

Ainsi, toujours s'accroît sa gerbe,
Dont les bienfaits sont les épis,
Moisson abondante et superbe,
Qui mûrit pour le paradis...

Et comme un cygne blanc sur l'onde,
L'humble et douce fille de Dieu,
Vierge des attaches du monde,
S'abrite à l'ombre du saint lieu.

Gabriel Monavon.

LE PAON ET LE DINDON.

Un paon, en plein midi, sur un mur fermait l'œil !
Tant il est vrai qu'un paon dort tout comme les autres ..
Le sommeil est d'ailleurs, nous disent les Apôtres,
    Un talisman contre l'orgueil !
Donc, notre paon dormait : ses plumes diaprées
    Étincelaient sous le soleil !
  Jamais Junon, déesse aux robes empourprées,
    N'eût trouvé serviteur pareil !
Un dindon, qui roulait sa paupière massive,
    De bas en haut, de-ci, de-là,
    Le vit de loin, et l'appela.
  — Hé ! seigneur, cria-t-il, la chaleur excessive,
Pour les habits trop beaux est un épouvantail !
Le soleil du mois d'août est un traître qui rôde,
Il pourrait bien ternir l'or de votre éventail,
    De vos aigrettes, l'émeraude !
    — Le beau dormeur n'entendit pas :
    Il avait l'oreille un peu dure....
Le dindon possédait une triste figure,
Mais un excellent cœur : il vint à petits pas,
De son bec arracha lestement chaque plume,
    Sans douleur pour l'oiseau.
— Le chloroforme aidant, du moins, je le présume —
    Et ne lui laissa que la peau.
    Alors, il se dit en lui-même :
Celui qui fait le bien goûte un plaisir extrême !
    Partout, j'espère, on conviendra
    Que je suis un excellent homme ?
Je mettrai son plumage à l'ombre, il le prendra
    Quand il aura fini son somme !

Je laisse à deviner le sombre désespoir
Du paon à son réveil, le deuil de la charmille,
Et les pleurs des amis, qui vinrent jusqu'au soir
    Pour calmer un peu la famille !

Au livre de chacun, l'épilogue est écrit ;
De longs raisonnements ce récit me dispense :
Les dindons sont bien plus à craindre qu'on ne pense !
    Cherchez surtout les gens d'esprit !

Karl DACLIN

LAUDAMUS DOMINUM.

Encore une hymne, ô ma lyre
Une hymne pour le Seigneur
(LAMARTINE)

Que le Seigneur est bon ! qu'il est plein de justice,
Et combien le Seigneur fit mon destin propice !
Pour l'aimer, le bénir, il a formé mon cœur ;
Il a formé ma bouche à chanter sa grandeur,
Il a formé mes yeux à contempler sa gloire,
Mon oreille à l'entendre, et mon âme à le croire !

D'un souffle intelligent animant mon esprit,
Dieu voulut qu'il vît tout sans que rien le surprît :
Il me fit pénétrer, au-dessus de ma tête,
Près des mondes finis, le monde qui s'apprête ;
Dans l'étoile qui passe et brille mollement,
Il me fit deviner plus qu'un vain ornement ;
Enfin, pour qu'en entier je le puisse connaître,
Au-dessus du vulgaire il éleva mon être.

De simples éléments composant mes plaisirs,
Dieu ne mit dans mon cœur que d'innocents désirs
Ainsi, j'aime à rêver près d'une source folle,
J'aime à suivre dans l'air un oiseau qui s'envole,
J'aime à poser mon front à l'ombre de l'ormeau
Et j'aime y soupirer quelque refrain nouveau ;
J'aime à voir au verger le front qui se colore,
J'aime à cueillir les pleurs de la timide aurore.

Ce sont là mes plaisirs, mais ces goûts enfantins
S'unissent, en mon cœur, à de plus hauts instincts.
Parfois, seul et rêveur en un lieu solitaire,
Oubliant les mortels, abandonnant la terre,
Je m'élève au Seigneur dans un culte pieux,
Et mon âme s'élance au souverain des cieux.
J'admire sa puissance et je vois ma faiblesse.
Je comprends sa grandeur et sens ma petitesse,
Et puis je me prosterne, et puis je le bénis,
Et je chante le roi des mondes infinis !...

Mais toujours sur la terre il faut que l'on retombe :
L'homme ne reste aux cieux qu'en passant par la tombe.
Cependant il conserve, en son esprit mortel,
En quittant le Seigneur, quelque chose du ciel ;
Il épure ses goûts, il épure son âme,
Et change en feux sacrés toute ardeur, toute flamme

Ernest Gebauer.

LES QUATRE AGES DE LA FOI

Quand sonne le repos, en fermant sa paupière,
L'enfant dit à Jésus cette douce prière :

Ami de l'innocence,
Symbole de bonté,
Donne-moi l'Espérance,
La Foi, la Charité !
Fais-moi des songes roses,
Sème pour moi des roses ;
Mais, ineffable bien,
A mes côtés sur terre,
Laisse longtemps ma mère,
Comme un ange gardien !

Quand ce monde orageux s'ouvre à l'adolescent.
Il doit dire à genoux à l'Esprit tout-puissant :
    Faites mon cœur robuste
    Pour tous les dévoûments ;
    Faites-moi voir le juste
    Avec des yeux aimants !
    Dans quelque sacrifice
    Tout homme a son calice,
    Lorsque viendra mon jour,
    En face du martyre,
    Donnez-moi le sourire
    Du fraternel amour !..

Quand à travers l'amour et les pleurs de la vie,
La femme souffre et pleure, elle dit à Marie :
    Sainte épouse fidèle
    Du pauvre charpentier,
    Sois aux cieux mon modèle
    Pour souffrir et prier !...
    De tes chastes alarmes
    Verse sur toi les larmes

Écoutant ces mots : au revoir ..
Qu'emportèrent la brise,
Pourquoi n'avoir pas dit tout bas,
De ta voix si gentille :
La paix du cœur ne revient pas,
Penses-y, jeune fille !

Aimé Vingtrinier.

L'AMATEUR ET LE BUSTE

Dans un jardin, au pied d'un arbre,
Un amateur, savant, dit-on,
Contemplait un buste de marbre,
Chef-d'œuvre précieux d'un moderne Myron.
— Me trompai-je', — dit-il, — est-ce une illusion ?...
    Plus je le vois plus je l'admire !
Son œil menace encor, — voyez comme il respire !
Quel génie étonnant en est le créateur !.... —

— C'était, — répond soudain le buste à l'amateur, —
Un grand homme, il est vrai... Mais, mon ami, sois juste;
En admirant la main et l'art de mon auteur,
Pourquoi ne dis-tu mot de cet esprit auguste . ...
. . De l'esprit qui, d'un souffle, a créé le sculpteur?...

    Reconnaissez l'être suprême,
    Hélas ! trop aveugles humains,
    A tout ce qu'ont produit vos mains. .
    Mais encore plus à vous-mêmes !

Vicomte de Charny

ÉPITRE D'UN ÉTUDIANT

A LA VEILLE DES VACANCES

C'est demain, c'est demain que je finis mes classes !
Messieurs les successeurs ! allez prendre nos places.
Ah ! ce n'est pas trop tôt... Me voilà grand garçon !
L'enfance est terminée, à d'autres la leçon !
C'est chacun à son tour.. Maintenant je respire,
J'ai tant étudié, je ne sais plus que dire ;
Sur les bancs j'ai tant lu,.. l'étude me maigrit.
Ah ! j'ai fait pour longtemps provision d'esprit.
L'obscure antiquité m'apprit sa longue histoire ;
Les faits, les noms, les jours, tout gît dans ma mémoire
Comme dans un tombeau pour n'en plus ressortir.
C'est l'heure de crier : « Grâce pour le martyr ! »
Je m'en souviens .. le terme heureusement approche.
Tous les jours il fallait, au premier coup de cloche,
Se lever comme un lièvre à la pointe du jour,
Marcher en vieux soldat, attentif au tambour,
Je laisse là l'hiver, où la bise glacée
En congélant mon corps comprimait la pensée ..
Il fallait sans broncher, dans toutes les saisons,
Sur des bureaux noircis apprendre nos leçons.
Les relire dix fois et vingt fois plutôt qu'une.
Et certes, très-souvent, n'en retenir aucune ;
Se calciner l'esprit, le soir et le matin,
A changer le français en grec comme en latin,
A tourner latin, grec, en version française ;
S'y confondre en bâillant, sans être plus à l'aise
Qu'en des bois en zigzag des voyageurs perdus...
Aussi nous en trouvions des sens inattendus !..

Nous devions à tout prix, des vieilles langues mortes,
Par l'aride alphabet, ouvrir les rudes portes,
Par force, faire entrer en nos jeunes cerveaux
Une foule de mots bizarres et nouveaux,
Traduire et réciter par cœur et dans la classe,
Sans garder dans l'esprit la plus légère trace,
Assortiments d'auteurs qui, s'ils étaient venus,
Eussent été bien sots de se voir si mal lus.
Ce n'était pas très-gai ; franchement je l'avoue ;
Un collége n'est pas un séjour de Capoue,
Ce n'est pas d'aujourd'hui qu'on a pu le savoir.
Pendant dix fois dix mois, du matin jusqu'au soir,
Gais oiseaux s'ennuyant, captifs dans leurs volières,
Écoliers nous passions, et des heures entières,
A plaider en latin avec un Cicéron,
Grand orateur des gens de ce temps-là, dit-on,
Expliquer d'un César les anciens Commentaires ;
Chercher le sens au fond d'épais dictionnaires,
Des bergers de Virgile étendus sous l'ormeau,
Souffler à notre tour dans le vieux chalumeau,
Et répéter les sons de leur pipeau rustique
Comme un fameux discours vraiment académique...
Pour essayer de rire avec un Juvénal,
Nous cherchions en bâillant un mot original,
Enfin, pour achever de couronner la fête,
Chacun se morfondait avec des maux de tête,
Prisonniers dont le front se brise sur le mur.
A deviner un Perse, hiéroglyphe obscur..
Il me faisait dormir d'un sommeil invincible !
Parlez-moi du français ! il est compréhensible...
Ah ! si de temps en temps il eût été permis
D'accompagner Horace, en aimables amis.

Aux bosquets de Tibur, vers ses fraîches arcades,
De s'asseoir et rêver au doux bruit des cascades !. ..
Vain rêve ! L'écolier n'était pas surchargé
De courses au soleil, de jours de grand congé..
Chacun aurait voulu s'envoler comme un aigle ;
Mais... quatre murs forçaient de respecter la règle.
Que faut-il dire aussi du trop fameux jardin,
Qui, pour l'étudiant ne fut jamais l'Eden,
Dont j'aurais en chantant célébré les obsèques,
Dont les fleurs sont des mots, vieilles racines grecques
Qui nous tordaient la bouche et harassaient les dents ;
Alphabet des vieux Grecs, rebut des descendants ?
Étrangers, nous suivions les écoles d'Athènes,
Faisant balbutier Eschyle et Démosthènes,
Contredire Aristote, embrouiller un Platon,
Fâcher Socrate, encor plus sage que Caton.
C'était l'heure, ou jamais, d'avoir de la mémoire
Pour tout savoir, calcul, géographie, histoire,
Thèmes, langues ; chacun déployait un caquet
A faire rire un rustre, et taire un perroquet..
Plus d'un dut t'envier, cynique Diogène !
Dans ton tonneau, du moins, tu t'asseyais sans gêne,
A l'aise, jouissant de ton riche soleil
Pour nous, entre des murs, pas un rayon vermeil !
Mais bah ! l'étudiant est fait de bonne étoffe,..
Il se résigne. , enfin, patient philosophe,
Et l'on a vu souvent des écoliers sans nom,
Se draper fièrement du manteau de Zénon...
J'ai passé, sain et sauf, cette première épreuve ;
L'avenir à mes pas offre une route neuve.
Mon temps n'est pas perdu ; maintenant j'ai bon bec ..
Me voilà bien bourré de latin et de grec !

On n'en savait pas temps du temps de Charlemagne..
Je commence à bâtir des châteaux en Espagne..
Et quand on s'est assis huit, dix ans sur les bancs,
On a droit de compter au nombre des savants.
A mon tour d'être Grec, au Grec d'être Barbare!
Pourtant je ne crois pas être encore un... Pindare.
Adieu, salle d'étude où j'usais mes deux yeux
A poursuivre des mots dans des livres poudreux,
Où plus d'un les ferma souvent de lassitude,
Chasseur las d'explorer un sol aride et rude!
Adieu, préfets à l'œil perçant comme un éclair!
L'oiseau sort de sa cage et s'envole au grand air..
Adieu, lambris rayés du muet réfectoire,
Où le lecteur jurait de nous nourrir d'histoire,
Où, quand nos palais secs s'arrosaient de nectar,
Le *deo gratias* venait toujours trop tard!
Adieu, cour vénérable et de siècles noircie,
Par l'ombre des vieux murs à jamais obscurcie,
D'aller où chaque élève avait un pied carré
Pour courir et jouer... comme en un vaste pré;
Où, quand le froid hiver soufflait son vent de glace,
Nous cherchions au soleil une petite place,
Où, quand l'été brûlait nos fronts laborieux,
Nous quêtions un peu d'ombre à tes coins anguleux!
Adieu, dortoir antique à voûte aérienne
Où j'entendais, la nuit, le vent qui se promène,
Les tiercelets criards crier, crier toujours,
Et le bourdon d'airain faire danser les tours,
Où le pauvre éveillé, sur qui le bruit s'acharne,
Voyait passer la lune à travers la lucarne!
Adieu, dortoir immense où, comme à l'hopital
Dans des lits alignés nous dormions bien ou mal!

Adieu, rare séjour de la fraîche campagne,
Pour l'écolier cloîtré beau pays de Cocagne !
Adieu, nos grands soucis, nos pensums ennuyeux,
Les arrêts maintenus au milieu de nos jeux !
Adieu grec et latin, nos leçons éternelles !
Demain, la porte s'ouvre, et nous prenons nos ailes...
Les arrêts sont levés ; la joie éclate en chants ;
Les oiseaux aiment tous la liberté des champs,
Sans retard je reprends mon ancien idiôme ;
Ma Grand' Mère parlait la langue du royaume ;
Et pour faire oublier notre dernier pensum
Nous allons tous, demain, chanter un *Te deum*.
Et toi, vaisseau de Dieu, gothique cathédrale,
Au jour mystérieux, à l'arche colossale,
Aux séculaires tours qui regardent les cieux,
A l'élégante ogive, au portail somptueux
Où priaient les vieux saints dans leurs niches de pierre,
Reçois notre salut, temple de la prière !
Dieu des jeunes enfants ! nous t'avions chaque jour
Apporté de nos cœurs l'humble tribut d'amour ;
Qu'à jamais la raison, grandissant avec l'âge,
De notre foi t'assure un éternel hommage !
Le Christ par l'Évangile a fait l'homme de bien,
Comme son divin sang a créé le chrétien ;
Et si nous ne pouvons, passagers sur la terre,
Sous ta voûte élever notre voix solitaire,
Temple où notre âme, un jour, chanta l'hymne de Dieu !
Ton souvenir d'amour suit nos cœurs en tout lieu.

Bouclier.

LE SAULE PLEUREUR ET LA TOMBE.

Un doux saule pleureur abritait une tombe
    Qu'il aimait tendrement.
    Il frémissait au gré du vent
    Comme des ailes de colombe.
      — « Oh ! disait-il tout bas,
« Toi, mon amour, ma vie et ma pensée,
      « Ne sens-tu pas,
« Par mon souffle béni ta douleur caressée ?.. »

    — Et la tombe restait glacée...
    — Et le saule pleurait toujours.

. . . .

— « Enfin, lui dit la tombe un instant réveillée,
    « Pourquoi d'aussi tristes amours !
    « De tes pleurs je suis accablée !
« Que ton affection fasse un suprême effort.
« La paix, sache-le donc, pauvre ombre désolée,
« Voilà le seul amour agréable à la mort ! »

                    Alexandre GUÉRIN.

SOUHAITS.

    Je voudrais être l'hirondelle,
    Pour fuir la neige et les autans,
    Et ne vivre que de printemps,
      Grâce à mon aile !

    Si je la vois, d'un léger vol,
    Fondre et glisser sur l'eau qui passe,
    Ou sans effleurer la surface,
      Raser le sol :

Mon œil la suit et je l'envie,
Puis, je me dis : Serait-il bien
D'effleurer tout, de n'aimer rien
    Dans cette vie?

Non, l'on serait sans souvenir,
L'hirondelle, en ses jeux légère,
Chaque année à son nid de mère
    Sait revenir

Sophie BALLYAT.

LES OISILLONS

> Enfants, écoutez bien vos mères,
> Leur cœur est un livre divin,
> Que, pour votre esprit enfantin,
> Le bon Dieu remplit de lumières
> (J C de Margny LES ECHOS DU CŒUR)

Les moissons ont mûri ; le petit passereau
A vu, dans le bosquet, éclore sa couvée :
Il module gaîment, près du frêle berceau,
Sa chanson, pour bercer sa marmaille emplumée ;
Il affronte pour eux le piége des sillons,
Mais attendez encore, et les plumes venues,
Vous verrez déloger les ingrats oisillons.
— Imprudents ! évitez les sombres avenues !
L'ennemi dans les bois vous guette, mes enfants,
Votre vol est peu sûr !.. Tardez quelques instants ;
Dit-il, allant de l'un à l'autre de la bande
Craignez surtout les chats ! et je vous recommande ...
Mais, bast ! il prêche en vain Déjà nos étourdis
Étaient hors de la voix, fuyant à tire d'aile,
Qui vers le bois voisin, qui vers les champs fleuris,
Où brillait le bleuet, la pervenche nouvelle.

Tout les émerveillait.... Quels bois ! Quelle beauté !
S'écriait la troupe ravie.
Foin du toit paternel ! Usons de cette vie.
Ma foi, vive la liberté !
Un vieux hibou caché dans le tronc d'un gros chêne.
Les entendait jaser et riait à part lui
Mes enfants, leur criait ce nouveau Diogène.
Ce n'est rien, maintenant ; mais, attendez la nuit ;
Vous serez enchantés !.. Puis, notre vieux corsaire
Disait bas : Attendez ! Et je fais mon affaire
De vous croquer, mes chers amis.
Afin de vous apprendre à vivre,
Surtout à rester plus soumis
Tout conseil n'est pas bon à suivre !
Le plus rusé des oisillons
Dit : Pour nous la nuit n'est pas sûre,
Montrez-nous votre figure,
Beau conseilleur, et nous verrons.
— Mes enfants, je ne puis : l'étude et mon grand âge
M'ont fatigué les yeux ; je ne puis voir le jour,
Mais, attendez la nuit. — Peuch !! Ce serait peu sage,
Reprit notre moineau. Si tu crains le grand jour,
Tu n'es pas notre fait. On m'a parlé naguère
De certain maraudeur croquant les oisillons
Qui s'attardent dans les vallons ;
Cette fin ne me sourit guère.
J'en crois mes vieux parents, je retourne au logis.
Car, voilà l'ombre qui s'avance,
Que je me trompe ! c'est le pis
On ne périt jamais par excès de prudence.
Vous le voyez, parents, un bon conseil donné
N'est jamais inutile ; au fort d'une imprudence,

Alors que l'on se croit de tous abandonné,
Il revient à l'esprit, préserve l'ignorance.
Et vous, pauvres enfants, qui, loin de la maison
Croyez toujours trouver le bonheur plus facile,
    Souvenez-vous, en temps utile,
  De ces conseils : imitez l'oisillon.

J. Cotinot.

UN RÊVE DE MON ENFANT.

A MARIE.

Savez-vous, ô Marie, ô le plus beau des anges,
    Que souvent je m'endors
Sur les bras de mon père, au bruit de vos louanges,
    De ses plus chers accords ?

Que vous êtes bénie entre toutes les femmes,
    Et que de toutes parts
Vous ranimez les cœurs, vous réchauffez les âmes,
    Au feu de vos regards ?

Que sans être dévot, sans espoir de salaire,
    Il aime à vous nommer,
Que sans être pieux, sans espoir de vous plaire,
    Il aime à vous aimer ?

Ce beau nom de Marie est si rempli de charme
    Pour mon père et pour moi,
Que ce nom, bien souvent, nous arrache une larme
    Sans trop savoir pourquoi !

Ah ! comment se fait-il que votre nom devienne,
    Aux heures de chagrin,

Une source de joie, et que l'on me l'apprenne
    Comme un écho divin?

Savez-vous qu'il éprouve un plaisir ineffable
    A répéter un nom
Qui flatte ses douleurs, et qui pourtant l'accable,
    Dans toute sa raison?

Vos lèvres sur ma bouche ont bien voulu descendre
    Et m'annoncer le jour,
Et mon père était là, qui cherchait à comprendre
    Cette marque d'amour

En vous voyant ainsi, d'une douce caresse
    Honorer son enfant,
Il semblait dépouiller ce voile de tristesse
    Qui nous afflige tant.

Vos baisers, dont ma lèvre est toute parfumée,
    Ont la douceur du miel,
Votre voix, dont l'oreille est encor si charmée,
    Descendait bien du ciel.

C'est un rêve sans doute; un rêve est un mensonge:
    Peut-on s'en réjouir?
Et ce rêve s'efface, aussi vite qu'un songe
    A pu s'évanouir.

Mon père croit en vous, mon père vous adore
    Et de cœur et d'esprit :
Voulez-vous qu'à mon tour je vous répète encore
    Ce qu'il a déjà dit?

« Beauté toujours nouvelle et si pleine de grâce,
  Faites-nous la faveur
De nous donner, enfin, une petite place,
  Au fond de votre cœur »

J.-B. Pourrat.

ELLES SONT VIEILLES.

Il faut bien vous soumettre aux arrêts du destin :
Tout change en la nature, et la plus belle rose
Se fane, se flétrit et devient à la fin
  Une indicible chose.

Malgré le nombre rond de quarante printemps,
Vous refusez encor de vous croire vaincues,
Et les salons dorés ouvrent leurs deux battants
  A vos grâces déchues.

Vous voulez conserver une part de plaisirs ;
Vous ne renoncez pas à votre idolâtrie,
Et vous vous attristez de vos vieux souvenirs,
  En faisant galerie.

Adieu donc les splendeurs de votre jeune temps,
Où vous teniez la mode en votre dépendance,
Où vous donniez le ton, où vos soins importants
  S'adressaient à la danse !

Votre sort aujourd'hui paraît bien différent :
Vous construisez en vain l'œuvre d'une toilette ;
On vous voit, en bonnet, monter au dernier rang
  Sur la triste banquette :

Quand brillait autrefois le soleil de l'été,
Vous ne sûtes jamais qu'être jeunes et belles,
Et vous n'avez admis que la futilité
    Au fond de vos cervelles.

Le stupide bon genre insultait la raison ;
Il prétendait alors qu'elle usurpait l'espace,
Et vous ne saviez pas, dans l'arrière saison,
    Combien elle a de grâces.

Femme qui sait porter le sceptre de l'esprit
D'un charme tout-puissant aura le privilége,
Et verra souvent même accroître son crédit
    Sous sa couche de neige.

C'est elle qui rassemble un congrès de causeurs,
Dont elle sait garder l'habile présidence,
Et qui choisit toujours, pour ses deux assesseurs,
    La grâce et la décence.

L'esprit, cette valeur si rare en tous les temps.
Qui se perd chaque jour et que Jourdain méprise,
Chez elle passe un bail et s'amuse aux dépens
    Des dieux de la sottise.

Mais j'entends qu'on me dit : « Vous êtes ennuyeux ;
Vous ne comprenez rien aux choses du beau monde ;
Causer est mauvais genre et c'est bon pour un vieux
    Qui radote et qui gronde. »

« On permet seulement, dans les cercles nouveaux,
De parler de chemins, de report et de Bourse,
Ou de glorifier le pur sang des chevaux
    De la dernière course. »

Il est vrai, je suis vieux, et je ne comprends pas
Le plaisir qui s'attache aux chiffres de la cote ;
Mais la femme qui cause a pour moi plus d'appas
    Que celle qui jabote.

Chaque jour, j'en conviens, l'esprit paraît décheoir,
Et celle qui pourrait en faire encore usage,
Est un oiseau bien rare, un cygne au duvet noir (1),
    Ignoré dans sa cage.

Et voilà donc pourquoi l'on dit que je suis ours !
La grâce de l'esprit est par l'ours adorée,
Et cet original inscrit au plus bas cours
    La sottise dorée

Paul Saint-Olive.

(1) Juvénal dit dans un endroit à peu près semblable
Rara avis in terris, nigroque simillima cygno. — VI, 165

Lyon — Imprimerie d'Aimé Vingtrinier quai Saint-Antoine, 36

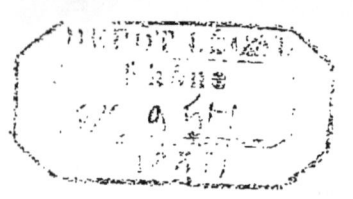

LE TORRENT ET LE RUISSEAU.

Fable.

Du sommet rocailleux
D'une haute montagne,
Un torrent écumeux
Roulait dans la campagne ;
Effroi du laboureur,
Il s'en allait, dans sa fureur,
Inonder les coteaux et la plaine fertile,
De l'homme et des troupeaux envahissant l'asile.

Près de lui, plus paisible, un modeste ruisseau
Bordé d'un vert roseau,

Distillait lentement, le long d'une colline,
Le pur et long filet d'une onde cristalline.

Un jour, en l'abordant, le torrent furieux
  Lui dit : « Que fais-tu dans ces lieux,
   Chétive créature,
  Qui te crois de ma nature ?
  Cesse de t'appeler ruisseau
   Moi, digne bras de Nérée,
Que ce soit prés, ou bois, ou terre ensemencée,
  J'y détruis tout, rien qu'en passant
Les hommes effrayés m'ont appelé torrent. »

  — « Vous inondez les coteaux et la plaine,
  Lui répondit l'humble ruisseau,
  Moi, de ma limpide fontaine,
  Je baigne les champs du hameau,
   Je fertilise la prairie,
   J'humecte le gras sillon,
  Et quand votre onde ennemie
Porte partout le deuil et la destruction,
   Comme une riante aurore,
   Qui répand ses tendres pleurs,
   Toujours désiré de Flore,
  J'entretiens l'émail des fleurs, »

Rois, guerriers, conquérants, dont on chante la gloire,
  Vous êtes ce fléau ;
Rois, amis de la paix, que bénira l'histoire,
  Vous êtes ce ruisseau.

Adolphe FINCK

LE SONNEUR

Mon cœur est une tour perdue
En védette sur l'étendue ;
Il y pend deux timbres d'airain

L'un est la cloche d'allégresse,
L'autre est le tocsin de détresse ;
Le sonneur les mène bon train !

Toujours en quête d'un nuage,
Toujours le nez au firmament,
De ses cloches, à tout moment,
L'espiègle intervertit l'usage ;

Il sonne en mort le mariage,
En baptême, l'enterrement ;
Se tromperait-il sciemment ?
N'est-ce qu'un fou ? serait-ce un sage ?

Joséphin SOULARY

LE DEUX NOVEMBRE

Méditation

Il faut mourir ! il faut renoncer pour toujours
A la vie, à l'espoir, aux charmes des beaux jours...
Tomber, comme la fleur sur sa tige fanée,
Comme l'herbe des champs, par la faux moissonnée !.

Mourir !.. abandonner les rêves d'avenir,
A tous les biens qu'on perd donner un souvenir !.

Lorsque, par tant de nœuds nous tenons à la vie,
Nous la voir tout-à-coup arrachée et ravie. .
En ce fatal instant, apaiser les douleurs
Des amis qui, sur nous, viennent verser des pleurs,
Pour ne plus les revoir, quitter enfants et mère,
Et toute une famille à notre cœur si chère !...

Mourir !.. et sans savoir en quel monde, en quel lieu,
Notre âme s'enfuira, quand, par l'ordre de Dieu,
Le trépas brisera l'enveloppe charnelle,
La terrestre prison qu'habitait l'immortelle !...
Mourir !. et, lorsque vient le terrible moment,
D'une juste terreur éprouver le tourment ;
Sur le point de paraître au tribunal suprême,
Craindre le châtiment, redouter l'anathème ;
Se sentir dévoré par un doute cruel
Sur ce grand inconnu : LE DESTIN ETERNEL !...

Mystères de la tombe, affreux et redoutables !
Secrets, plus que la mer, profonds, impénétrables !
Vainement l'œil humain prétendrait vous scruter ..
L'impuissante raison ne conduit qu'à douter...
La croyance console ; elle nous dit : « Espère !
« Vois un juge en ton Dieu, mais vois aussi ton père ! »

Fortifiez, Seigneur ! notre amour, notre foi,
Pour que nous puissions voir la mort sans trop d'effroi !

CHERVIN aîné.

CAUCHEMAR!!..

Nuit brune,
Sans lune
Au front.
L'eau grise
Se brise
Au pont
Nuit noire.
Que croire!
Voilà
Qu'on marche
Sous l'arche..
Holà!
Bruits vagues
De dagues,
De voix,
Résonnent..
Bourdonnent..
Je vois,
Je doute,
J'écoute,
Muet;
Je veille,
L'oreille
Au guet.
D'avance,
Je pense
Mourir.
Je tremble,
Tout semble
Courir.

Supplice!..
Je glisse
Sans bruit
La cloche
S'approche
Minuit!!.
Dans l'ombre
Quel sombre
Brigand!
Peut-être,
Le traître
M'attend.
La terne
Lanterne
Qu'il tient
M'éclaire..
Que faire?..
Il vient!
Je râle..
La pâle
Lueur
Me trouble,
Redouble
Ma peur.
A l'aide!!
Je cède..
Lui, dur,
M'étrangle
Dans l'angle
Du mur!!!.

Alexandre FLAN.

LE BON ANGE GARDIEN.

Romance

Dans sa gracieuse corbeille,
Qu'ombragent de légers rideaux,
Un enfant paisible sommeille,
Caressé par un doux repos
    Quelle brise embaumée,
      Le rafraîchit si bien? ..
    C'est l'aile bien-aimée
    Du bon ange gardien.

Lorsqu'en jouant il voit la rose,
Riant trésor, s'épanouir,
L'enfant l'admire, mais il n'ose,
Au piquant rameau la cueillir.
    Qui lui dit : — De l'épine,
      Enfant, garde-toi bien? ...
    Ah! c'est la voix divine,
    Du bon ange gardien! ..

Alors, qu'au sentier de la vie,
Enfant, libre tu marcheras,
Mille appâts, flattant ton envie,
Tenteront d'égarer tes pas.
    Mais, dans la lutte austère,
      Quel sera ton soutien! .
    C'est le bras tutélaire,
    Du bon ange gardien

Gabriel MONAYON.

LA TOURTERELLE ET SON FILS

— Pourquoi quitter ton bon maître et ta cage,
Tes augets toujours pleins, tes jours calmes et beaux,
Ton nid tout fait, ce toit et ce feuillage
Que tu peux becqueter à travers tes barreaux?

Tu veux partir, et là-haut dans la nue
Sont des vautours cruels et des aigles jaloux,
Ici, ta vie est paisible, inconnue,
De la flèche et du plomb tu peux braver les coups.

Ainsi parlait craintive tourterelle,
A son fils prêt à fuir vers les pays lointains.
— Je veux voir, disait-il, la nature est si belle,
Je reviendrai bientôt couler des jours sereins

On m'a dit, que là-bas, il est d'autres patries,
Au printemps éternel, au climat toujours pur,
Des fruits plus beaux et des fleurs plus jolies
Des cieux et de grands lacs d'azur.

Dans l'aride désert, dans la forêt ombreuse,
Sur le riche palais, sur le mur décrépit,
Sur le cèdre orgueilleux et la roche neigeuse,
Mère, je bâtirai mon nid

Oh! ne t'afflige pas, va, je n'ai rien à craindre,
Je suis fort et léger, j'éviterai les yeux.
Si le méchant, un jour, à fuir doit me contraindre
J'irai me cacher dans les cieux

—Mais, je n'ai plus d'époux.. et tu n'as plus de père,
Je suis seule ! et tu pars, le chagrin me tuera,
Reste, reste, mon fils, disait la pauvre mère,
    Son fils, hélas ! n'était plus là.

Longtemps de songes vains la berça l'espérance,
Longtemps son cœur veilla par l'amour soutenu,
La mort, seule, mit fin à sa longue souffrance,
    Son fils n'était pas revenu
N. REYMOND.

SUR LA MORT DE MA SOEUR !
Sonnet.

Sunt lacryma rerum !

Après plus de douze ans d'une longue souffrance,
Nous la vîmes s'éteindre au foyer paternel.
Ah ! ce fut pour nous tous un moment bien cruel.
Et pourtant de nos cœurs avait fui l'espérance !

Elle nous adressa son adieu solennel..
Jeune, et prête à quitter le monde, l'existence,
Pour demander à Dieu d'affermir sa constance,
Elle pria longtemps, les yeux levés au ciel !

Une dernière fois s'entr'ouvrit sa paupière ;
De sa lèvre mourante elle appela son frère....
Je voulus lui parler. ma sœur ! Tu n'étais plus ! ...

La mort nous l'a ravie... Et maintenant cet ange.
Goûte, au divin séjour, ce bonheur sans mélange
Que le Dieu juste et bon réserve à ses élus !
E. DARMET.

LE DAHLIA.

L'éducation faite en serre,
Corrompt un naturel généreux et sincère.
Au jeune homme l'air pur, l'espace, le soleil,
    Vaste foyer où s'allume la vie,
    Où la santé douce et chérie
    Se colore d'un sang vermeil.

Un jeune horticulteur des bords de la Tamise,
    Reçut un jour un Dahlia ;
    Et, suivant la méthode admise,
    Pour la culture en ce temps là,
    La robuste plante fut mise
En serre chaude. Au lieu d'un port éblouissant,
    Notre belle, trop cajolée,
Tel qu'un enfant chétif et blême et languissant,
    Penchait sa tête étiolée
    « J'ai tiré ma poudre aux moineaux,
Dit l'Anglais, cette fleur va mal sous mes vitraux. »
    Et les rebelles tubercules,
    Sa mauvaise humeur s'épanchant,
Furent, avec mépris, relégués en plein champ.
Mais, quand le Dieu du jour, sur de vifs pédoncules,
Illumine l'émail des contours veloutés,
    Et des pétales tuyautés,
    Comme une riche collerette,
    Le fleuriste ébahi répète :
« Qui put rendre la sève aux pauvres mignotés,
    A leur tige pâle et fluette? »
    — La rosée et le soleil d'août !
    Trop de soins gâtent tout

L. BERLOT CHAPUIS

LA PAROLE.

D'auditeurs empressés quelle cohorte immense !
Bien qu'il s'en faille encor que le cours ne commence,
Partout l'amphithéâtre est plein, et l'on entend
Ce bruit sourd de la foule aussitôt qu'elle attend.
Mais silence ! — Voilà le professeur en chaire.
Son érudition, à la jeunesse chère,
La dirige à travers cent défilés scabreux ;
Et semblable à la mer s'ouvrant pour les Hébreux,
S'ouvre à sa voix, devant les yeux de l'auditoire,
Cet océan de faits que l'on nomme l'histoire.
Ses parallèles vrais, ses aperçus nouveaux,
Sont comme autant de grains jetés dans les cerveaux,
Grains qui font notre race et plus sage et plus forte.
Aussi mille bravos guettent-ils, à la porte,
L'éloquent professeur dont les saines leçons
Du progrès général préparent les moissons

Un vieillard est courbé sur le banc des assises,
Les charges en faisceau se dressent si précises
Qu'il aurait mieux valu pour lui n'être pas né,
Certe, à moins d'un miracle il sera condamné.
Ce miracle pourtant, un jeune homme le tente ;
La tâche est impossible et dès lors éclatante ;
Et plus d'un spectateur l'estime bien osé
De défendre à son âge un pareil accusé
Durant une heure et plus l'ardent réquisitoire
Semble avoir démontré que le crime est notoire,
Et que le prévenu, méditant son dessein,
A changé son nom d'homme en celui d'assassin

A vous, ô défenseur, le dilemme énergique,
L'aimant de la raison, l'acier de la logique ;
Bon, courage ! — Et bientôt s'éclaircit le débat ;
Dans tout son plaidoyer la conviction bat,
Et telle est sa chaleur, et telle est sa puissance
Qu'il rend à son client la robe d'innocence.

Dans la bise qui souffle ou sent râler décembre
Malgré le froid, le peuple environne la Chambre ;
On y doit décider ou la guerre ou la paix.
D'abord deux orateurs, l'un subtil, l'autre épais.
Un troisième se lève, expert dans la bataille ;
Bûcheron des erreurs, à grands coups il les taille,
Les interruptions, au lieu de l'entamer,
Sont des traits qu'il amasse afin de s'en armer,
Ses arguments, ainsi que de robustes serres,
Étouffent sans effort ceux de ses adversaires ;
Par ses écrits constants, ses actes, ses discours.
Gardien de la paix il en hâte le cours ;
Des partis, démocrate ou trop peu populaire,
Il musèle et démasque à la fois la colère,
Et le public, malgré son instinct belliqueux,
Pour penser comme lui cesse d'être avec eux
C'est le type complet du lutteur politique,
Lutteur au corps chétif mais à l'âme athlétique.
Point de guerre, il le veut, de parents désolés.
En murmurant son nom, flots de la paix, coulez.

Suivis des curieux qu'entraîne leur exemple,
Les fidèles en ordre ont envahi le temple,
Et le prédicateur, dans un grave entretien,
Distribue à leur zèle un aliment chrétien

Il montre les périls de la terrestre route,
Le néant des plaisirs que l'humanité broute.
Il exhorte à prier, à servir Jéhova,
Créateur incréé d'où tout vient, où tout va.
Et voici : l'assemblée entière s'extasie,
Écrivains, artisans, noblesse, bourgeoisie,
N'ont plus qu'un même esprit, n'ont plus qu'un même
L'enthousiasme saint court de la nef au chœur, [cœur;
Et, comme ramenés dans leurs sphères natales,
Les anges, accroupis sur le dossier des stalles,
Paraissent rayonner d'un sourire divin,
Ah ! le vaillant pasteur ne prêche pas en vain,
Il instruit, il éclaire, il persuade, il touche ;
Ce ne sont plus des mots qui tombent de sa bouche,
C'est l'amour de Jésus, c'est sa croix, c'est son sang,
C'est le salut, voyez, c'est le ciel qui descend.

Faculté merveilleuse aux hommes accordée,
Indissoluble hymen du son et de l'idée,
Fille du Dieu qui sonde et les cœurs et les reins.
Parole, je t'admire et pourtant je te crains.
Je te crains, car souvent tu souffles, sur la terre,
Le mensonge et le mal que tu devrais lui taire,
Et tu mets, aveuglant le pauvre genre humain,
La haine dans son âme et le fer dans sa main.
Mais, malgré ces fléaux, nécessaires sans doute,
Je t'admire encor plus que je ne te redoute,
Car tu sais adoucir l'exil et l'abandon,
Car tu dis : Charité, dévoûment et pardon,
Car tu montres le bien et l'Éternel lui-même,
Car si tu n'étais pas, j'ignorerais qu'on m'aime.

Paul JUILLERAT.

L'IMMACULÉE CONCEPTION.

Sonnet

Le Christ arrive au monde, et la maternité,
Sans tache, a par deux fois précédé sa naissance.
Ainsi qu'il convenait à la sublime essence,
Au mystère incompris de la virginité

Le Père, Fils, Esprit, dans leur triple unité,
Ne pouvaient de souillure affliger leur puissance,
Dans l'océan humain, alors qu'elle s'élance,
Sous l'auguste attribut de la Divinité.

Sur les erreurs de l'homme, il jette un voile immense,
Le Dieu qui, de sa croix, vers l'infini s'avance,
Au sein de la lumière et de l'éternité.

Sa mère immaculée est la fleur d'innocence,
La reine dans les cieux, aurore d'espérance
Aux malheureux humains dans leur inanité.

Jules Martin.

LA BLANCHE ÉTOILE.

Doux reflet d'un globe de flamme,
Charmant rayon, que me veux tu ?
(Lamartine)

Luis toujours, étoile charmante,
Qui scintille de mille feux !
J'aime à voir ta clarté tremblante
Dans les champs azurés des cieux.
Je t'aime bien plus que l'aurore,
Semant de roses l'horizon ;
Plus que la fleur qui vient d'éclore,
Sur les bords du riant vallon

Je t'adore, comme une amie
A qui l'on a donné son cœur,
Et dont la parole chérie
Nous fait tressaillir de bonheur.
Tu parles aussi ton langage,
Symbolique et mystérieux ;
De ton amitié j'ai pour gage,
Tes regards qui tombent des cieux.
Tu ressembles à l'espérance
Qui tarit les pleurs des mortels,
Et sais apaiser la souffrance
Avec ses baisers fraternels.
Mais, plutôt, n'es-tu pas un ange
Veillant sur les pauvres humains ?
Ah ! loin de ce monde de fange,
Porte leurs âmes dans tes mains
Jusques aux voûtes éternelles,
Où les bienheureux Chérubins,
Se couvrant de leurs blanches ailes,
Font retentir des chants divins !

Charles Devert

A MON PETIT FILLEUL.

Petit enfant, sois heureux dans la vie,
De tout son cœur ton parrain te bénit
Nouvel enfant d'une belle patrie,
Viens parmi nous, le bonheur te sourit,
Petit trésor, doux espoir de ton père,
Reçois de Dieu le destin le plus beau.
Anges des cieux, veillez, veillez sur terre,
Ah ! veillez bien sur ce frêle berceau !

Un ange encor, guidé par sa tendresse,
Sur ton enfance, oh ! toujours veillera,
Ses tendres soins soutiendront ta faiblesse,
Sous son amour ton âme grandira
Joyeux ébats ou peine passagère,
Pleurs et plaisirs, tout il partagera ;
Et le doux nom de cet ange sur terre,
Ton premier mot, enfant, nous le dira

Pour toi viendront ces beaux jours de l'enfance,
Où du travail le savoir est le prix ;
Formant ton cœur, affrontant la science,
Tous tes efforts alors seront bénis.
Puis, quels transports pour ta mère chérie.
Quand le doux nom de son fils bien-aimé,
Brillant de gloire, à la foule ravie,
Comme vainqueur lui sera proclamé.

Tu grandiras ; heureux de ta jeunesse,
Riche, à vingt ans, d'amour et d'avenir ;
Mais tu sauras, à cet âge d'ivresse,
Unir toujours la sagesse au plaisir ;
Et quand le ciel permettra qu'une femme
De ton destin vienne embellir le cours,
Cette ange aimée aura le cœur et l'âme
De celle, enfant, qui veille sur tes jours.

L'homme qui suit les lois de la sagesse
Dans son foyer trouve le vrai bonheur,
Toi, mon enfant, d'une vive allégresse,
Tu goûteras ici bas la douceur ;
De l'amitié tu connaîtras les charmes ;
Pour ton pays tu feras de doux vœux,

Et quelquefois tu sècheras des larmes :
Il est si doux de faire des heureux !

Tu vieilliras ; tout vieillit sur la terre,
Mais tes vieux ans auront un doux repos ;
Tu vieilliras sans regrets, sans misère,
Tes souvenirs adouciront tes maux.
Puis, sans effroi ta belle âme ravie
Prendra son vol vers le céleste esprit ;
Petit enfant, sois heureux dans la vie,
De tout son cœur ton parrain te bénit

Claudius Blain.

AU GRILLON QUI CHANTE A MON FOYER.

Chante, petit grillon,
Chante, voici ton heure ;
J'aime, dans ma demeure,
Ton triste carillon !

Pauvre insecte du soir,
Quelle est ta destinée !
Tu passes ta journée
Au fond d'un grand trou noir.

Pour toi, point de soleil,
Pour toi, point de rosée,
Point de fleur arrosée
Par les anges du ciel.

Le Dieu qui, le matin,
En ouvrant sa corbeille,

Donne à ta sœur, l'abeille,
Ne t'offre aucun butin.

Jamais les doux zéphyrs
Ne caressent ton aile,
Et puis, ta ritournelle
Ressemble à nos soupirs !

Mais, chante, ô mon grillon,
Chante, c'est bien ton heure.
J'aime, dans ma demeure,
Ton triste carillon

Nocturne visiteur
Du foyer solitaire,
Ami du prolétaire,
Effroi du grand seigneur,

Dis-moi ? que chantes-tu,
Quand, pour moi, l'espérance
Fait place à la souffrance,
Dans mon sein abattu,

Quand chaque jour, hélas !
Je vais — douleur profonde, —
Dans les sentiers du monde,
Et plus sombre et plus las !

Lorsque, dans le tombeau
J'ai vu mes sœurs pieuses
Descendre plus heureuses,
Comme un séjour plus beau ?

Va, chante, ô mon grillon,
Chante, c'est encor l'heure,
J'aime dans ma demeure
Ton triste carillon !

Tu n'as pas nos amours,
Pâles tiges fanées,
Sitôt mortes que nées,
Et tu chantes toujours.

Tu laisses, ô grillon,
Les belles fleurs écloses,
L'abeille avide aux roses,
Le lis au papillon.

Et quand je me maudis,
Maintenant, à toute heure,
Mon pauvre cœur qui pleure
Chante un *De profundis,*

Plus sage, ou plus heureux
Toi, tu bénis peut-être,
Celui qui t'a fait naître
Et qui créa les cieux !

Si, pour cueillir les fleurs
Notre sort se ressemble,
Grillons, gardons ensemble,
Toi, tes chants — moi, mes pleurs !

Léon Gontier.

LE RÉVEIL DE L'AME

Hommes debout ! frivole race ;
Pourquoi perdre en de vains loisirs
L'heure qui fuit et dont la trace
Dure aussi peu que vos plaisirs.
Dieu n'a rien promis à la terre
Qu'au prix de ce travail austère
Dont vous vous souciez si peu ;
Quel immense orgueil vous enivre ?
Vous dormez, et vous croyez vivre
Rois de la terre, égaux à Dieu.

Ton œuvre n'est qu'à moitié faite,
Siècle vainqueur des éléments,
Et tu dors, l'âme satisfaite,
Au vain bruit des événements
Dans sa main complaisante et forte,
La nature esclave te porte
Et tous ses trésors sont à toi
O conquérants de la matière,
Passez, en armes, la frontière
Pour vous conquérir une foi.

Que l'étendard de l'existence
Flotte sur vous, guerriers nouveaux :
L'homme vit aussitôt qu'il pense,
La mort pour lui c'est le repos.
Pourquoi jusqu'aux bornes du monde
Voyons-nous flotter comme une onde
La lumière et le mouvement,
Hommes semblables à des femmes,

Si vous laissiez languir vos âmes
Dans ce morne assoupissement ?

Du sein d'une croyance forte
Retrempe-toi, monde vieilli ;
Qu'une brise du ciel emporte
La contagion de l'oubli.
Sur l'appui de la conscience
Que ton ombre pâle, ô science,
S'arrache à la nuit du cercueil,
Pour que ta nourrice chrétienne,
La Foi, te garde et te soutienne
Contre les assauts de l'orgueil

Ce vieil édifice du monde
Semble crouler à tout moment
Sous la lèpre du doute immonde
Qui disjoint granit et ciment.
Déblayez la fange entassée ;
Des décombres de la pensée
Puissiez-vous construire, en tout lieu,
Des palais où l'équité règne
Et des temples saints où l'on craigne
La présence auguste de Dieu !

C'est assez tailler dans l'argile
Cette idole des faux plaisirs.
Sculptez, dans un bloc moins fragile,
L'idéal des nobles désirs.
Sur sa base des flots battue,
Comme une vivante statue,
Erigez l'éternelle Loi,
Pour que toute race mortelle

Fléchisse, en passant devant elle,
Pleine de respect et de foi

Quand cette image vénérée,
Digne objet d'un culte nouveau,
Sur la terre régénérée
Elèvera son pur flambeau,
Parmi des splendeurs inconnues
Vous verrez, au-delà des nues,
Briller le jour qui luit pour tous.
L'âme en ses plus profonds abîmes
Entendra ces accents sublimes :
Triomphez, le ciel est à vous.

Ainsi dans les cités humaines
Relevant son front abattu
L'homme boira l'oubli des peines
Aux pures eaux de la vertu.
Le respect divin de soi-même
Sera pour tous un diadème
Plus sacré que celui des rois,
Si quelque gloire est enviée
Ce sera la gloire oubliée
D'obéir simplement aux lois

Vous, apôtres et vous, poètes,
Par Dieu sur la terre envoyés
Pour que nous sachions qui vous êtes
Nommez-vous, chantez et priez
Dites à toute âme qui pleure
Il est au ciel une demeure,
Et conduisez-la pas à pas ;
Bons pasteurs, voilà votre tâche,

Combattez à côté du lâche,
Voyez pour ceux qui ne voient pas

Croyez à l'éternelle vie ;
Croire, c'est aimer à souffrir ;
Les pleurs que Dieu lui-même essuie
Préservent l'âme de mourir.
Dispensateurs de sa parole,
Que par vous, égal à son rôle,
Tout homme commande à son cœur
Afin que dans ces fortes luttes
Il se relève de ses chutes,
Souvent blessé, toujours vainqueur.

J -Et. Beauverie.

LA VIERGE AU BERCEAU.

Dans les plis de son voile,
Un rayon lumineux
Brille comme une étoile
A son front radieux ;
Sous un dais de nuages,
Saintement couronné,
Elle montre aux rois mages
Son enfant nouveau-né.
Aussi pure que la prière,
Elle veille, la chaste mère,
Sur l'ange plus blanc que l'agneau ;
C'est la vierge au berceau !

C'est la vierge Marie,
Le flambeau des élus ;
Dans la crèche fleurie
Où repose Jésus,

Elle verse en silence.
La force, l'équité,
La manne, l'espérance,
La foi, la charité.
Aussi pure que la prière,
Elle veille, la chaste mère,
Sur l'ange plus blanc que l'agneau ;
C'est la vierge au berceau !

Elle répand sans cesse
Sur l'enfant rédempteur,
Ses trésors de tendresse,
Tant de parfums du cœur,
Que l'amour qui l'inonde
Nous comble de ses dons,
Déborde sur le monde
En célestes pardons
Aussi pure que la prière,
Elle veille, la chaste mère,
Sur l'ange plus blanc que l'agneau ;
C'est la vierge au berceau !

Francis Tourte

LE PAYSAN ET LE POMMIER

A M. Hippolyte Poullain.

Compte rendu d un beau volume de Fables et Poesies nouvelles, qu il vient de publier
à Dijon, chez M Antoine Maître

Sous le poids de ses fruits un beau pommier ployait,
Cependant qu'un rustaud avec soin les cueillait,
Sans cesse répétant : « Que ces pommes sont belles !
« Gros-Jean, dans son verger, n'en eut jamais de telles
« Je les vendrai bon prix au marché de demain »
— Paysan est avare et ne voit que le gain —

Il avait donc rempli jusqu'aux bords une manne,
La plus grande qu'il eût, — lourde à charger un âne, —
Sans avoir, jusques-là, découvert un seul fruit
Qui ne fût des plus sains. — Tout-à-coup, à grand bruit,
        Notre homme
    Vous gourmande une pomme
A l'aspect peu friand, presque mangée aux vers.
— « Si l'on n'avait, dit-il, les yeux tout grands ouverts,
« Comme on serait trompé ! » Disant ces mots, il lance
    La pomme à vingt pas de distance ;
Puis reprend son travail. O comble de malheur !
       De douleur !
Deux ou trois fruits moins bons, cachés soûs une feuille,
    Tombent sur lui, sans qu'on les cueille.
De colère écumant, sur le fécond pommier
Il va porter ses coups ; l'arbre de s'écrier :
    « O paysan ingrat arrête !
« Si la sève, en montant de mes pieds à la tête,
    « N'a pas, hélas ! tout fécondé,
« La faute en est à toi : tu m'as mal émondé,
« Ou c'est la loi du sort. — Le sort, divin mystère,
    « Ne veut rien de parfait sur terre.
« De quelques mauvais fruits je suis donc innocent,
« Mais je suis fier des bons que l'on compte par cent. »

Que fit le paysan ? Dame ! il le laissa vivre.

          ENVOI.
   Le beau pommier, c'est votre livre.
   Le paysan, c'est le lecteur
   Sur ce, bonne chance à l'auteur.
                  Emile DELTEIL.

Lyon. — Imprimerie d'Aimé Vingtrinier quai Saint-Antoine, 36

REGRETS ÉTERNELS !!!

Sur le bord du chemin qui mène au Cimetière,
Il est d'affreux jardins où l'on dresse les fleurs
A poser pour le deuil, où la mort, bouquetière,
Tient un assortiment de toutes les douleurs.

On y trouve, à bas prix, le Génie en prière,
Les souvenirs d'époux tout constellés de pleurs,
Les regrets fraternels entrelacés de lierre,
Et les adieux d'amants rimés cœurs contre cœurs.

Un jour, tu graviras, pour moi, ce chemin sombre,
— Un jour de saint Joseph, la fête de mon ombre,
Ne charge pas ces fleurs du poids de ton chagrin;

11

J'aime mieux une larme à ton cœur arrachée,
Dût-elle, sur ma pierre, être aussitôt séchée,
Qu'un emblème imposteur, dût-il pleurer sans fin !

Joséphin Soulary.

LE PRÊTRE DE VILLAGE.

Pour une installation à la cure de Litteau (*Calvados*), le 12 mai 1857.

Bon pasteur apportant à nos foyers rustiques
Votre jeune ferveur et les vertus antiques,
Ministre élu de Dieu qui touchez notre seuil,
De la paroisse en fête agréez l'humble accueil.
Oui ! dans nos champs aimés que le travail féconde,
Dans nos doux nids de fleurs garés des bruits du monde
Venez, prêtre au cœur simple et tendre et fraternel,
De ce Dieu de la crèche entretenir l'autel !
Pour lui nous n'avons rien du luxe de la ville,
Mais qu'importe à ses yeux notre temple d'argile,
Si plus de piété fléchissant les genoux
Sait y courber la tête et prier avec vous ;
Avec vous qui gardez pour de longs jours prospères
Le berceau des enfants, et le tombeau des pères...
Nos deux trésors qu'ici vous aurez à bénir :
Trésor de souvenance et trésor d'avenir !

Et partout votre voix, grave et paisible oracle,
Ira semant la loi du divin tabernacle :
Qu'il faut s'offrir en aide à tous les pieds tremblants ;
Qu'un respect sans oubli se doit aux cheveux blancs ;
Que la pudeur est belle au front qui s'en décore ;
Que le vice avilit, que le labeur honore,

Et que dans l'ombre éclos, chaste et mystérieux,
Un bienfait sur la terre est un pas vers les cieux.
Oh! que toujours ainsi votre sagesse austère
Nous parle, et soit l'orgueil du pauvre presbytère!
Oh! qu'ainsi parmi nous, durant trente moissons,
S'épanchent votre zèle et vos saintes leçons !
Puis, comme Siméon, prêtre des temps bibliques
Dont l'hymne émeut encor l'écho des basiliques,
Fier du noble fardeau de vos ans révérés,
Vous lèverez les mains et vous vous écrierez
Dans l'élan d'un cœur pur qui sur lui se replie:
« Rappelez-moi, Seigneur, car ma tâche est remplie ! »

Hyppolyte GUÉRIN DE LITTEAU.

L'ÉTRENNE AU PASTEUR

Conte.

Reine, femme d'Urbain, chocolatier sceptique,
Malgré cet esprit fort et malgré la boutique,
S'est mise à fréquenter l'église assidûment
Il est vrai que rapace avec acharnement,
Ayant pris vingt billets dans une loterie,
C'est afin de gagner le gros lot qu'elle prie
Toute au soin d'assurer un résultat si doux,
Les cierges sont brûlés par elle des deux bouts;
A la quête, on la voit donner un écu même.
Le comptoir y pourvoit. Elle entend son Barême,
Puis lésine sur tout. — Liards et sous, joints en tas,
Et se multipliant au fond d'un galetas,
Sont, à l'insu d'Urbain, devenus, ô merveille !
Billet de mille francs, qu'elle a mis en bouteille . . .

Bref, Noel lui suggère un plan démesuré :
Elle rêve une étrenne à monsieur le curé !
Notez que ce pasteur, d'une bonté bénie,
Sans cesse, à provoquer l'aumône s'ingénie,
Et n'accepte jamais, d'où qu'il vienne, aucun don,
Qu'autant qu'il en peut faire aux pauvres abandon.
Or, Urbain, gros mangeur, qui vit, se disant : Qu'est-ce ?
Moins de beurre au potage et plus de vide en caisse,
Soupçonna que sa femme, en ses fervents accès,
Touchant la charité, commettait des excès
Pour ce négociant, dont l'âme est dans la panse,
L'église secourable est un lieu de dépense ;
Tout au plus, pourrait-il souffrir qu'on immolât,
En bonne œuvre, une livre ou deux de chocolat ;
Davantage, à ses yeux, passe pour inconduite ....
Un jour que, de nouveau, sa femme a pris la fuite,
Pour aller, à l'autel, soigner ses intérêts,
Lui, voulant s'éclairer, court à tous les coffrets,
Poursuit son examen de cachette en cachette,
Et finit par fourrer son nez sous la couchette.
Une boite s'y trouve Il l'ouvre..... Coup vainqueur !
Il y voit trente francs ; un cruchon de liqueur :
De la Chartreuse ! Il goûte... Elle est bonne ! très-bonne !
Par un humble écrit joint, Reine, en résumé, donne
Le liquide au pasteur, la somme aux indigents....
« Conçoit-on, fait Urbain, ces écarts affligeants ?
« Réprimons-les ! Primo, soufflons liquide et somme !
« De l'eau pure, voilà ce qu'il faut au saint homme ! »
Sur ce, notre marchand, en malice érudit,
Déniche une bouteille au galetas susdit ;
D'eau l'emplit ; dans la boite, en du coton, la couche
Au lieu des objets pris pour sa poche et sa bouche,

Et, le coup fait, adresse au curé le colis....
Reine entre. — Tes désirs, lui dit-il, sont remplis !
— Comment ? — Chez qui de droit la boite est déposée,
Mais ne renfermant plus, quoique mieux composée,
Qu'une bouteille d'eau prise au galetas noir !....
A ces mots, frémissant, Reine allume un bougeoir,
Vole au dit endroit sombre... Une bouteille y manque !
Celle, où précisément dort le billet de banque !
—« Eh bien ! le tour est gai ! ce nigaud, des plus grands !
« Afin d'en sauver trente a perdu mille francs ! »
Le chocolatier croit que sa femme divague,
Mais ce récépissé vient le tirer du vague :
« Madame, j'ai reçu votre don anormal.
« On le pourrait, peut-être, interpréter fort mal ;
« Mais je ne veux y voir qu'un but de bienfaisance.
« J'accepte, au nom du pauvre, avec reconnaissance,
« Le billet contenu dans la bouteille d'eau,
« Et portant mille francs, méritoire cadeau !
« Je vais en disposer selon mon cœur de prêtre.
« Quant à l'eau, qui, sans doute, avait sa raison d'être,
« Je crois ne devoir pas craindre de désaveux,
« En vous la renvoyant bénite, avec mes vœux. »

Dédommagée enfin, Reine, à la loterie,
Gagna ... quoi ? .. Le portrait d'un prince de Hongrie !

Prosper Delamare

LE SOURIRE DE LA JEUNE FILLE

Si de mai l'haleine envolée
   Sur la vallée

Mollement soupire et frémit,
Caressant la pelouse verte
    De fleurs couverte,
Nous disons : la terre sourit

Si zéphir, sur l'azur limpide
    Des mers qu'il ride,
Berce l'Ondine et la poursuit,
Tandis que la vague amoureuse
    S'enfle et se creuse,
Nous disons : l'océan sourit...

Si, parmi les lis et les roses
    Fraîches écloses,
L'aurore étincelle et rougit
Comme la Vierge couronnée
    Pour l'hyménée
Nous disons : que le ciel sourit...

Ciel, terre et mer, oui, tout respire
    Joie et sourire,
Lorsque le doux printemps fleurit
Jeune fille, mais rien au monde,
    Au ciel, sur l'onde,
Avec ta grâce ne sourit ! ...

Gabriel Monavon.

MA COURONNE DE POÈTE
A mes amis.

I

Couronnez-moi comme le Tasse
Quand je serai dans ce sommeil

Qui nous fait porter à Loyasse,
Et dont est si long le réveil.

Oui, posez sur ma croix d'ébène
La marque de ma royauté,
Alors qu'a fini toute peine
Et qu'on dort en sécurité.

Ah ! qu'un autre de fleurs plus belles
Sur sa tombe aime la couleur,
Qu'une couronne d'immortelles
Dise un jour quelle est ma grandeur.

Qu'on soit couronné dans la terre
Ou qu'on le soit dans un fauteuil,
C'est toujours la même misère ;
Dans toute couronne est le deuil

Trop souvent le front qui la porte
Sous son poids s'incline oppressé,
Et quand vient un vent qui l'emporte
Plus d'un s'est senti délassé.

Des vers est-on moins la pâture,
Qu'on nous ait nommé : Majesté
Ou qu'on ait fait triste figure
Perdu dans son obscurité ?

II

L'oiseau des bois de Dieu seul écouté
N'a rien à craindre de l'envie,
Oh ! qu'elle est orageuse une éclatante vie !
Le trouble vient au cœur avec la vanité

Dans une solitaire route
Quand j'entends le pauvre grillon
Se réjouir dans le sillon,
« Va, chante en paix, lui dis-je, ami, nul ne t'écoute »

Heureux qui vit et qui meurt oublié
Que l'amitié seule consume,
A deux ou trois bons cœurs lié !
Il rend, au monde ingrat, amour pour amertume !

III

Bien obscur j'ai vécu, mon nom dans l'avenir
Ne sera connu de personne ;
Mais pourvu que de moi Dieu garde souvenir
Dois-je envier d'autre couronne ?

Gaspard Rabeyrin.

LA MARE ET LE RUISSEAU.

La Mare, un jour, dit au Ruisseau :
— Où cours-tu donc ? — Je vais à la Rivière,
Lui porter ce filet d'eau.
— Pauvre insensé ! ton erreur est grossière !
Et pourquoi t'épuiser ? Enfant, écoute-moi,
Dans notre siècle, il faut d'abord penser à soi. —

Cette morale est commode,
On dit même aujourd'hui qu'elle est assez de mode.
La Mare, sur ce point, parlait éloquemment,
De l'égoïsme vrai symbole,
Elle prêchait d'exemple autant que de parole
Et conservait ses eaux très-amoureusement.

Le Ruisseau faisait le contraire ;
A la prairie, à la plante, à la fleur
Par ses eaux, il donnait la fraîcheur salutaire.
Faire du bien, n'est-ce pas le bonheur?
Et sans lui, la fortune est un triste avantage !
Cette Mare avait tort et le Ruisseau fut sage
N'allons pas nous étendre et revenons au fait ;
L'été vint : le soleil, de sa chaleur féconde,
A tout ce qui respire octroya le bienfait,
Et darda ses rayons sur cette Mare immonde :
Elle, couvant ses eaux, enfanta tout d'abord
Des reptiles sans nombre, au corps noir et jaunâtre,
Et de son sein fangeux couvert d'une eau verdâtre
Elle exhalait le poison et la mort.
La peste s'en suivit dans toute la contrée ;
Heureusement un vent souffla du nord
Et la Mare expira dans sa fange exécrée.

Mais que devint le Ruisseau bienfaisant,
Qui vint à son secours dans ce péril pressant ?
Il eut un abri tutélaire
Sous le feuillage épais du chêne au tronc noueux
Dont il baignait la souche séculaire ;
Le soleil, le voyant, en devint amoureux,
Et les petits oiseaux sur sa rive ombragée
Venaient pour boire à petite gorgée ;
Près de son bord chantait le pâtre du hameau,
La Rivière à la mer portait son filet d'eau,
Qui devenu vapeur légère
Retournait au nuage, à la source sa mère.
Chacun recueillera ce qu'il aura semé,
Faites du bien, et vous serez aimé

LANGE,
Curé de Pellegrue (*Gironde*)

LA TOMBÉE DES FEUILLES,

OU LA JEUNE FILLE MOURANTE.

Le soleil a cessé d'animer la nature,
Et de la couronner de verdure et de fleurs.
A mes tristes regards, que charmait sa parure,
Elle n'étale plus que de pâles couleurs.
A l'aurore du jour, l'hôte ailé du bocage
Ne me réjouit plus de ses joyeux concerts,
Le souffle des autans a flétri le feuillage,
Les bois sont dépeuplés et les coteaux déserts.
Pressentant les frimas, mes chères hirondelles,
Dont j'étais attentive à protéger les jours,
Ont déjà pris l'essor, emmenant avec elles,
Au rivage lointain, les fruits de leurs amours.
Quand elles reviendront habiter leur demeure,
Elles ne verront plus leur soutien assidu :
Avant que de l'hiver sonne la dernière heure,
Dans le sein de la tombe il sera descendu.
Le soleil de mes jours, si vif à son aurore,
Et qui me présageait la joie et le bonheur,
Sur mon triste horizon, à peine jette encore,
De sa sphère brumeuse, une pâle lueur.
C'est en vain que l'amour d'une mère chérie,
De l'espoir, à mes yeux, fait briller le flambeau :
J'ai fini mon passage au chemin de la vie,
Et pour moi vont s'ouvrir les portes du tombeau.
Que sert une onde pure à la tige fragile
Que sans cesse dévore un insecte rongeur !
Ah ! pour la ranimer, tout soin est inutile :
Il faut qu'elle succombe à sa triste langueur

De la félicité je goutais les prémices,
Me berçant de l'espoir d'en jouir bien longtemps ;
Et d'une lente mort j'éprouve les supplices,
Sans avoir vu fleurir mon vingtième printemps
Qu'est-ce donc que la vie ? une ombre passagère,
La course du vaisseau qui sillonne les mers,
Une onde fugitive, une fleur éphémère,
Le vol de l'aquilon, un trait qui fend les airs.
Mais, mon Dieu, je bénis ta sagesse profonde
Qui me fait, jeune encor, pencher vers mon déclin,
Pour soustraire mon âme aux périls de ce monde,
Et lui faire goûter un plus heureux destin.
Le mortel qui fournit une longue carrière
N'est pas le plus comblé de tes tendres faveurs,
Mais l'enfant au cœur pur, qui déserte la terre
Pour aller contempler ta gloire et tes grandeurs
Le fleuve de nos jours n'est pas toujours limpide,
Même pour les heureux qui respectent ton nom :
Son onde bien souvent, dans sa course rapide,
Des torrents débordés roule l'impur limon
Nulle rose au jardin ne fleurit sans épines,
Sans de rudes combats il n'est point de lauriers,
Et, pour cueillir les fleurs qui parent les collines,
Il faut toujours gravir de pénibles sentiers.
C'est donc pour moi, Seigneur, une faveur suprême,
D'être sitôt ravie au terrestre séjour,
Puisqu'il n'est de bonheur pour un enfant qui t'aime
Qu'au temple glorieux de l'immortel amour.
Mais je laisse en mourant la plus tendre des mères,
Qui ne trouve ici-bas d'autre charme que moi :
Ah ! répands sur son cœur des baumes salutaires,
Jusqu'au jour où ta main couronnera sa foi.

Daigne, daigne, mon Dieu! me soutenir, moi-même,
En ces jours destinés à mes derniers combats,
Et fais que je remporte, en ce péril extrême,
La palme réservée à tes vaillants soldats.
Jésus, mon doux Sauveur! cher époux de mon âme,
Dont les tendres bontés ont inondé mon cœur,
De sublimes ardeurs que ton amour l'enflamme,
Et sois jusqu'au trépas mon unique vainqueur.
De la terre et des cieux auguste souveraine,
Qui me vis si souvent au pied de tes autels,
Protège-moi toujours; fais qu'en brisant ma chaîne.
Je monte radieuse au sein des immortels!

A. VIGNAT.

LE CHANT DU JOUR.
Ode rustique

L'aube matinale
Jette un ton d'opale
A chaque buisson,
Sa lèvre déclose
Sur les fleurs se pose
Chantant sa chanson.

Toute parfumée.
La brise embaumée.
Monte vers les cieux,
Et la blanche étoile
Cache sous un voile
L'éclat de ses yeux.

L'usine s'allume
Et son toit qui fume

Fait peur au bétail,
L'ouvrier s'apprête,
Et partout l'on fête
L'heure du travail.

Paresseux qui dormez encore,
Que l'aube n'a pu réveiller,
Entendez la voix de l'aurore,
Quittez vite votre oreiller.
Inondant toute la campagne
De lumière au reflet vermeil,
Bientôt, derrière la montagne,
Va monter le char du soleil

Déjà la pesante charrue
Trace un sillon accidenté,
Là-bas c'est un cheval qui rue
Tout joyeux d'être en liberté.
Les bœufs ont déserté l'étable
Pour aspirer un jour nouveau,
Et le bélier, d'un air capable,
Marche en tête du grand troupeau.

Egrenant leurs folles musiques,
De tous côtés, les oisillons
Accompagnent les chants rustiques
Qui montent gaîment des sillons
Partout, la nature est en fête ;
Et, souriant avec amour,
Le ciel même a fait sa toilette
Pour recevoir l'astre du jour.

Le sommeil s'enfuit du village,
Et le carillon du clocher,
De sa voix perçante fait rage
Nous criant de nous dépêcher.
Phébé s'enfuit toute honteuse
Cacher son visage pâli,
Traînant sa suite convoiteuse
Dans le grand gouffre de l'oubli.

La violette, sous la mousse,
Coquette avec le liseron,
Et la rose, de sa voix douce,
Appelle au loin le papillon.
L'aubépin de ses fleurs nouvelles
Jette les parfums au matin,
Les pâquerettes se font belles
Et babillent avec le thym

Les chênes superbes accueillent
Avec bonheur Monsieur le vent,
Étendant leurs bras qui s'enfeuillent
Aux rayons du soleil levant ;
Et dans la plaine reposée,
Les lilas font pleuvoir les pleurs,
Que l'œil triste de la rosée
Posa sur leurs grappes en fleurs.

Les lierres à l'ormeau s'enlacent,
Formant partout de verts arceaux,
Liant aux murs qui les crevassent
Le branchage des arbrisseaux.

Riant espoir, heureux prémice
Réveillant nos cœurs assoupis,
Partout la plaine se hérisse
D'herbe verte et de verts épis.

L'aurore, dans son vol embrase,
Les derniers plis de l'horizon,
Jetant sa tunique de gaze
Jusqu'au moindre brin de gazon ;
Et la teinte rosé et nacrée
S'élargit devant le soleil,
Qui monte à la voute azurée
Dans des flots d'or et de vermeil.

Le soleil brille enfin sur les monts, sur les plaines,
Apportant avec lui la divine chaleur,
Fécondant du regard les vendanges prochaines,
Jetant un peu de joie au cœur du laboureur.
Par des concerts sacrés célébrant sa venue,
L'homme joint son cantique à l'hymne solennel,
Que la nature chante et que porte à la nue
Les chérubins ailés à leur maître éternel.

Sous l'aiguillon ferré, les bœufs courbent la tête,
Refusant d'avancer dans le champ labouré,
Et redoutant d'instinct la chaleur qui s'apprête,
Les fleurs penchent au vent leur calice empourpré,
Des longs baisers de feu les étreintes fécondes
Tirent du sein des bois d'ineffables senteurs,
Les lacs et les ruisseaux enveloppent leurs ondes
D'un réseau tout chargé de grisâtres vapeurs

Sous la main de Phébus la nature s'incline,
Le tourne-sol s'épuise; et sa corolle d'or
Tourne amoureusement son front vers la colline,
Où dans l'air embrasé l'astre prend son essor
Les moutons indolents, sourds à la voix du pâtre,
Cachent sous leur toison leurs membres accroupis,
La plaine resplendit sous la poudre jaunâtre,
Qui sommeille attachée aux flancs verts des épis

La vigne vierge grimpe au chaume des cabanes,
Allongeant sur le mur ses rameaux étiolés,
Et des nuages blancs, légers et diaphanes,
Font courir leur grande ombre à la cime des blés,
Tout resplendit au loin de joie et de lumière,
Et le grillon, sous l'herbe, et l'oiseau, dans son nid,
Jettent au créateur une immense prière,
Saluant de leurs chants le soleil au zénith

 Mais soudain la brise s'élève,
 Et courant dans chaque taillis,
 De son léger souffle elle enlève
 La fatigue aux arbres vieillis
 A chacun elle rend la force,
 La terre semble s'agiter,
 Et les ormeaux, sous leur écorce,
 Sentent la sève fermenter.

 Elle court et son pied agile
 Courbant la cime des roseaux,
 Traversant le ruisseau tranquille,
 Jette des rides sur les eaux.

Et se jouant parmi les gerbes,
Rasant le sol à peine ombré,
Elle semble, en courbant les herbes.
Un immense serpent marbré.

Elle tressaute à perdre haleine,
Des vallons verts aux verts halliers,
Portant les parfums de la plaine
Au faîte des grands peupliers
Et ses caresses indiscrètes
Font trembler le myosotis,
Qui se tapit sous les clochettes
De l'odorant volubilis.

Et déjà d'immenses nuages
Viennent ternir l'azur des cieux,
Et le précurseur des orages
S'est élevé tout radieux.
Les arbres ont courbé la tête
Sous le souffle dévastateur,
Et l'écho des forêts répète
La colère du créateur

L'éclair serpente dans la nue,
Traçant ses lozanges de feu;
Comme une clameur continue,
La foudre gronde aux mains de Dieu.
Et le pommier, dans la tourmente,
Des fleurs dont il était si fier
Voit tomber la neige odorante
Qui va tourbillonner dans l'air.

L'ombre couvre toute la terre,
Et les grands bœufs épouvantés
Tremblent aux éclats du tonnerre,
Baissant leurs gros yeux attristés
Dans un sombre reflet de bistre,
Les ruisseaux devenus torrents,
Roulent, avec un bruit sinistre,
Leurs flots jaunes et murmurants.

Et sur les campagnes maussades,
Le ciel épuisant ses fureurs,
Forme d'éphémères cascades
Toutes pleines d'âcres senteurs ;
Dans la nature désolée
Elles courbent les arbrisseaux,
Et l'on entend sous la saulée
Soupirer les petits oiseaux.

Mais un coin du ciel se dévoile,
Et le soleil, tout radieux,
De son rayon perce le voile
Qui, dans ses plis, cache les cieux ;
Et, sur la campagne embrasée,
L'astre du jour jette gaîment
Sa longue ceinture irisée
Dans les voûtes du firmament.

Puis sur la colline
Il penche et s'incline
Dans le ciel en feu,
A son vaste empire,

Dans un doux sourire
Il jette un adieu.

Et la plaine sombre
Disparait dans l'ombre,
Le jour qui s'enfuit
Dans l'oubli s'élance,
Et dans le silence
S'éteint chaque bruit.

Les étoiles blanches
Glissent, dans les branches,
Leurs grands yeux déclos ;
Leur douce venue
Chante dans la nue
L'instant du repos.

François BARALLE.

L'ABEILLE ET LE PAPILLON.

— Eh ! pourquoi donc, petite folle,
Te charges-tu de ce butin ?
Fais comme moi, de fleur en fleur je vole
Et de leur suc je goûte le plus fin
Ainsi disait le papillon badin,
Parlant à la petite abeille
Qui butinait sur une fleur vermeille.
— Garde tes conseils, étourdi,
Et je te trouve bien hardi
D'oser me tenir tel langage,
Répond l'abeille au papillon volage
Vole du myrte à l'églantier,

Chatouille de ton aile et le lis et la rose,
Tu crois être un héros ; attends l'apothéose
    Que te fera le jardinier.
    Pour moi, je travaille à toute heure
    Sur les fleurs ou dans ma demeure ;
    Je me rends utile aux humains ;
  Par mon travail, je goûte mille charmes ;
  Tandis que toi, de tes plaisirs mondains
  Tu ne pourras que recueillir des larmes
Par Dieu même imposé, le travail ennoblit ;
Le bonheur qu'il procure, est-il rien qui l'égale ?
    Elle eût prolongé sa morale,
  Mais là-dessus le papillon partit.

                    MIMAUD,
               Huissier à Pellegru (*Gironde*)

AUPRÈS D'UN BERCEAU.

Voyez-vous, voyez-vous, haletante, éperdue,
    Pliant sous ses douleurs,
Cette mère, au berceau de son fils suspendue,
    Le baignant de ses pleurs !

Tremblante, avec ferveur, voyez comme elle prie
    L'humble Reine des Cieux !
Elle implore une mère, élevant vers Marie
    Et son cœur et ses vœux !

« Refuge des marins, douce égide des mères,
    Appui des voyageurs,
« Exaucez-moi, dit-elle, exaucez les prières
    « De vos terrestres sœurs !

« Rendez-moi mon enfant, apportez une trêve
   « A son morne sommeil...
« Pauvre ange ! que son front abattu se relève
   « Souriant et vermeil !

« Reprenez tous ses jours de bonheur à la mère,
   « Ses biens les plus chéris ; -
» Mais rouvrez, ô Marie, à la douce lumière,
   « Les regards de son fils ! »

Ainsi prie une femme auprès du petit ange
   Qu'un soufle impur flétrit !
Elle prie ; — et l'enfant s'éveille à la louange
   D'un nom aux cieux écrit !..

O bénissez ce nom par-dessus toutes choses,
   Humbles et tout puissants.
Jeunes filles, mêlez, quand renaissent les roses,
   Ce nom à tous vos chants !

Cs-Antony Renal

RÊVERIE.

Etretat, sur le bord de la mer

   Voyez, elle s'avance,
   Éperdue, en démence,
Et rugissant ses immenses sanglots.
Contre la rive elle brise ses flots,
   Comme dans sa course indomptée,
   Et par le vertige emportée,
   Un coursier, sans guide et sans frein,
Se brise en hennissant contre des murs d'airain

Ecoutez ! elle gronde
Et fait trembler le monde
Déjà trop lourd pour son axe affaibli.
Priez, mortels ; le temps est accompli !
　　Lassé des crimes de la terre,
　　Le ciel veut lui livrer le guerre ;
　　Et la mer va vous engloutir !
Allons, tous, à genoux ! il faut se repentir ..

　　Voyez, voyez ! L'abîme
　　Réclame la victime,
Tout doit périr dans son gouffre béant .
Il vient sur nous !... C'est l'heure du néant !

. . . .

　　Mais une voix, du ciel venue,
　　Puissante, a traversé la nue,
　　Criant à la mer en courroux :
Flots, n'allez pas plus loin ! Dieu vous dit : Calmez-vous !

　　Soudain, la mer soumise,
　　Plus lentement se brise ;
Et sur le bord, qu'elle faisait frémir,
Ses flots d'argent à peine osent gémir.

. . . .

　　Déjà le ciel s'éclaire ;
　　Dieu n'a plus sa colère.
Mortels, cessez de craindre pour vos jours :
Ce Dieu clément vous rendra ses amours.
　　Voici la barque qui s'élance,
　　Et coquettement se balance

Aux bras de l'Océan calmé,
Comme la jeune épouse aux bras du bien-aimé

. . . .

Oh! que la mer est belle!
Voyez, elle étincelle
Sous les rayons d'un splendide soleil;
Et son miroir d'azur et de vermeil
Semble convier la nature
A procéder à sa parure
Comme elle est calme dans son lit!
On dirait un enfant qui s'endort et sourit.

Conserve ton sourire,
Belle mer que j'admire
En contemplant naguère ta fureur,
Je me disais tout bas, au fond du cœur :
Telle est l'image de la vie
Par les passions asservie
Maintenant, ta placidité
Me dit · La paix du cœur, c'est la félicité!

Sid. Barraguey.

LA RENONCULE.

A Mlle H. N

Les grâces du printemps revêtaient la nature,
Et doux zéphirs, sous la verdure,
Et petits oiseaux dans les bois,
Près des ruisseaux au languissant murmure,

Accordaient librement leurs voix.
Toute seulette, jeune fille
    Fraîche et gentille
    Se promenait,
Et ses pensers tendres comme un sourire,
Embellissaient encor ce charme qu'on respire
    Dans les fleurs qu'elle admirait.
La simple renoncule, orgueil de la vallée,
Déployait sous ses pas son clair vêtement d'or,
Et, sous les pleurs des nuits étincelante encor,
Balançait mollement sa parure étoilée ;
La svelte demoiselle aux quatre ailes d'azur
Dans son vol anguleux y rencontrait un trône ;
L'abeille aux doux travaux y puisait un miel pur,
La jeune fille allait en tresser sa couronne.
Elle avance la main vers la brillante fleur ;
    Les corolles s'effeuillent,
Et couvrent de débris les doigts qui les recueillent
Et l'enfant s'en alla redisant dans son cœur :
— A quoi sert donc tant d'éclat en partage
Quand on ne soutient pas ce pompeux étalage !

L. Bouvet

MON VILLAGE.

Non loin de mon village aux plaines si riantes,
Au bord d'un pré fleuri, j'étais assise un jour ;
Les pâles peupliers ombrageant son contour,
Agitaient bruyamment leurs têtes vacillantes.

A leurs pieds serpentait un ruisseau large et pur,
Il couchait mollement l'herbe de la prairie,
Dont le vent frais tranchait avec son eau d'azur ;
En coulant, il chantait, d'un son plein d'harmonie :

« Vois, chaque instant m'entraîne au gré de son désir,
Toujours d'un flot nouveau je baigne cette rive ;
Une onde en pousse une autre et cette eau fugitive
Me dit, en s'éloignant : ainsi fuit le plaisir.

Loin d'ici sans retour court mon onde limpide,
La ronce sur mes bords croît au sein des galets ;
Le plaisir, comme moi, dans sa course rapide,
Ne laisse en s'éloignant que tristesse et regrets

Sophie BALLYAT.

LE CHRIST.

Au bas d'une image trouvée dans un livre de Messe

Avec son regard plein d'une pitié profonde,
Son front resplendissant et pur comme un beau jour,
Doux comme le soleil et grand comme le monde,
Voilà Jésus prêchant l'espérance et l'amour.

— Et les petits enfants, les anges et les femmes,
Le suivent pour baiser la trace de ses pas ; —
Et sur sa route on voit tourbillonner des âmes ;
— Mais les hommes de chair ne le comprennent pas.

Tout ce qui sent et vit dans son âme s'épanche,
Tout chante la grandeur de cet astre immortel :
Le poète en ses vers et l'oiseau sur la branche,
La foudre dans l'espace et le prêtre à l'autel

Il regarde — et d'amour la terre est embrasée ;
Il implore — et les cieux ont un doux abandon ;

Il sourit — et les fleurs s'enivrent de rosée,
Les âmes d'espérance — et les cœurs de pardon.

Prêchant la vérité, la paix et la justice,
Il donnait des leçons aux peuples comme aux rois ;
— Mais la vertu des grands n'est qu'un vain artifice.
Et Jésus expia sa grandeur sur la croix

Dans son cœur tout d'amour la place était profonde,
Et son dernier soupir ébranla l'univers,
Et son sang ruissela sur la face du monde ;
— Et le ciel entonna de sublimes concerts !...
. . . .

Où sont, divin Jésus, les fleurs de ton enfance ?
O Christ ! où sont les fruits de ta rédemption ?
— L'âme de notre siècle est toute de vengeance,
De cynisme, d'orgueil et de corruption !

La faim mord tes brebis pour en vendre la laine,
Tes moutons vont errants, décimés par les loups ;
Le vent du malheur souffle et les âmes en peine
Voltigent sur ta croix pour en compter les clous.

Nos prières vers toi s'en vont battant des ailes,
— Ces oiseaux effarés implorent ton secours ! —
Prends-les sous ton manteau comme un nid d'hirondelles,
Et fais luire sur nous l'arc-en-ciel des beaux jours.

       Alexandre GUERIN.

A UNE JEUNE FILLE.

Vous dont l'œil interroge et brille,
Dont le pied foule les prés verts,
Vous demandez, ô jeune fille,
Si tous les jours je fais des vers?

Oh! non, j'adore la paresse!
Le paresseux n'est pas l'oisif ;
On est heureux, quand on caresse
Un rêve étrange... ou bien naïf!

Le rêve est l'enfant du caprice :
Je ne veux pas me corriger,
Car il faudrait, las! que j'apprisse
A plus écrire... à moins songer!

D'ailleurs, quand nous ouvrons la bouche
Pour un serment, pour un adieu,
Parfois, la Muse s'effarouche,
Nous délaisse et retourne à Dieu !

Il est des heures d'atonie,
Heures d'angoisse et de tourments,
Des jours où la sainte harmonie
Fuit nos terrestres instruments!

En proie aux flammes mensongères,
Nous tous, poètes, nous voyons
Des influences étrangères
Intercepter les purs rayons !

Soumis par un pouvoir occulte,
Tantôt nous recherchons la nuit,
Tantôt nous aimons le tumulte,
La clarté, la foule et le bruit!

Un mot qui blesse notre oreille,
Un rire indiscret ou moqueur,
Rend inféconde notre veille,
Ou bien dessèche notre cœur.

Le nuage doré qui passe,
L'oiseau qui chante dans son nid,
L'éclair qui sillonne l'espace,
Le lac bleu que rien ne ternit,

Une parole tendre et brève,
Un baiser de mère ou de sœur,
Un jeune enfant beau comme un rêve,
Qui nous regarde avec douceur,

Les prés, les champs, les bois, la neige
Qui blanchit le sommet des monts,
Le vent, le soir, la fleur,.. que sais-je?
Voilà tout ce que nous aimons!

Voilà les cordes inégales
Qui font vibrer le divin luth,
Mais pareils aux frêles cigales,
Quelquefois nous chantons sans but.

Délicats et faibles comme elles,
Souvent aussi, quand nous passons,
Il suffit d'un léger bruit d'ailes
Pour interrompre nos chansons !

Karl Daclin.

LE GRANGEON.

C'est bien la blanche maisonnette
Qui se penche sur le côteau,
Elle est solitaire et coquette ;
La vigne lui fait un berceau.

C'est bien mon cher petit domaine,
Séjour charmant, silencieux,
J'en suis la fière souveraine,
Et tous mes sujets sont heureux !

Le rossignol roi des bocages,
Place son nid dans mes buissons,
Et sous mes fertiles ombrages
La fauvette dit ses chansons ;

L'hirondelle, dès qu'elle arrive,
Sous mon toit accourt se loger,
Et la tourterelle plaintive
Vient roucouler dans mon verger.

Au milieu des vertes charmilles,
J'entends les gais merles siffleurs,
Je vois les abeilles gentilles
Qui voltigent parmi les fleurs ;

Les papillons aux riches ailes
Se posent sur mes beaux rosiers,
Les élégantes demoiselles
Voltigent dans mes verts sentiers.

Dans mon jardin, la marguerite
S'étale parmi les œillets,
C'est ma fleur blanche et favorite,
Je lui demande ses secrets !..

Les liserons et la pervenche
Tapissent mon petit berceau,
Et le chèvre-feuille se penche
Sur les bords de mon clair ruisseau

Quand le jour quitte ma vallée,
Mon regard monte vers les cieux !
Je fixe la voute étoilée
J'entends des sons mystérieux

Oiseaux, papillons, pâquerette,
Cieux étoilés, ruisseaux, zéphirs,
Voilà, dans ma douce retraite,
Mes seuls trésors, mes seuls plaisirs,

Clotilde JANTET

LA FÉE DU LAC

Ballade allemande.

Le soir était venu, mais glacial et sombre,
Enveloppant le ciel dans les plis de son ombre
    Et le vent au loin gémissait.
Aux bords du lac de Khiem, au sein des branches nues,

Des tristes sapins noirs qui montent jusqu'aux nues,
L'orage accourant mugissait.

L'onde en est toute émue, et brise sur la rive
Son écume flottante et recule plaintive,
Heurtant ses flots à d'autres flots.
Le regard abattu, l'air morne, le front pâle,
Sur la grève un enfant, dans sa douleur, exhale
Des prières et des sanglots.

Sa voix, sa faible voix, simple écho de la terre,
Se mêle au bruit confus des vents et du tonnerre
Dans un élan désespéré.
Alors on entendit, comme un léger murmure,
S'élever du milieu de l'immense nature,
L'hymne d'un enfant éploré.

 Où vais-je errant dans les ténèbres
 Du chaos qui naît près de moi ?
 Pourquoi ces nuages funèbres ?
 Vent lugubre, dissipe-toi !
 Sous la fatigue je succombe
 Et je sens mes genoux trembler ;
 L'orage gronde au loin et tombe ;
 Les blancs éclairs vont m'aveugler
 J'ai peur du bruit de la tempête,
 Ses sifflements m'ont étourdi
 Mon souffle est si lent qu'il s'arrête
 Et déjà mon sang alourdi
 Se fige en mes veines glacées.
 Seul, hélas ! dans ces bois déserts
 Dont les tiges sont balancées
 Au gré des vents, maîtres des airs,

Va commencer mon agonie !
Loin des parents chers à ton cœur
Fais tes adieux à cette vie.
Enfant égaré du pêcheur !

Il dit. Soudain les flots en double pyramide
Se partagent:... on voit une colonne humide
S'élever de leur sein mouvant
Un char doré paraît, resplendissant d'étoiles,
Par deux cygnes trainé ; leurs ailes sont les voiles
Qui, sans efforts, domptent le vent

D'algues tout festonné, sur l'onde glisse ou nage
Le char mystérieux qui va droit au rivage,
Comme un esquif rentrant au port.
La fée est à la poupe ; et de rubis parée,
D'un nuage éclatant sa robe diaprée
En longs plis se déroule et sort.

Elle parle ; à sa voix devant son char expirent
Les fureurs de l'orage, et les flots se retirent
De leur audace tout tremblants.
Le char reste immobile au vent qui souffle et passe
Sans pouvoir ébranler une aussi lourde masse,
Que conduisent deux cygnes blancs.

— Mon beau chéri, sois sans alarmes,
Car désormais tu m'appartiens ;
Enfant de Khiem, sèche tes larmes,
Laisse là ton vallon ; viens, viens !
Du grand lac bleu je suis la Fée !
Suis-moi dans mon riant séjour ;
Ta couche aura, charmant trophée,
Des roses fraîches, chaque jour.

Là, mes filles ceindront ta tête
Des fleurs qu'elle te tresseront
Au bruit des concerts, douce fête,
Tes deux beaux yeux se fermeront.
Viens, jeune enfant, qu'on te couronne
Comme il convient à ta beauté,
J'ai de corail construit un trône
Où tu vivras en liberté
Déserte le natal rivage ;
Vois ; mon lac est limpide et pur.
Suis-moi ; viens baigner ton visage
A jamais dans mon lac d'azur.

La Fée avait cessé. Déjà voici que l'onde
Se brisant sur les rocs, monte, bouillonne et gronde
  La foudre éclate dans les cieux.
L'enfant frissonne. En vain au danger qu'il redoute
Il voudrait échapper, car la voix qu'il écoute
  Le retient captif en ces lieux.

Aussi, comme un serpent qui saisit une proie,
La Fée accourt à lui, pousse un long cri de joie,
  Et l'entraîne loin du vallon.
L'enfant enveloppé de l'humide ceinture
Dont les plis ondoyants lui voilent la nature,
  A disparu de l'horizon.

La Fée étend les bras, appelle et fait des signes :
A moi, mes blancs coursiers ! dit-elle, et les deux cygnes
  Font voler son char sur les flots.
Le lac s'est entr'ouvert ; dans son béant abîme
La Fée avec l'enfant devenu sa victime,
  Se plonge au plus profond des eaux,

Emile Delteil

A UN NUAGE.

Joli petit nuage
Aux flancs ronds, argentés,
Tu quittes cette plage,
Car le vent te poursuit à pas précipités

Tu t'en vas et ta trace,
Sur le ciel azuré,
Se rétrécit, s'efface,
Et ne laisse en partant qu'un long sillon doré.

O rêves de jeunesse,
Honneur, gloire, beauté,
Vous fuyez ma tendresse
Comme un nuage d'or fuit le vent irrité.

On dort, on voit un songe,
Vite, on veut le saisir,
On s'éveille, ô mensonge !
Rien ne vous reste, hélas, rien que le souvenir !

N. Reymond.

MÉLANCOLIE.

Il faut mourir ! tout le dit sur la terre,
Dans la douleur comme au sein du plaisir ..
Un cri confus, une voix solitaire
Jette en passant cet arrêt funéraire
 Il faut mourir ! ..

Il faut mourir ! dit ce jeune feuillage,
Qu'un vent d'automne, un vent vient de flétrir. .
Et l'églantine, atteinte par l'orage,
Nous dit encor dans son triste langage : —
 Il faut mourir !. .

Il faut mourir, au bal de la folie,
La plus frivole en trouve un souvenir. .
Car cette fleur, qui l'avait embellie,
Vient de tomber et sous ses pieds lui crie : —
  Il faut mourir !..
Vicomte de CHARNY.

ÉLISA MERCOEUR

Malheur à ceux que le génie
Électrise du feu sacré ;
Qui, sur la couche d'insomnie
Redressent un front inspiré ?
Heurtés par la foule importune,
Ils sont voués à l'infortune,
Comme l'holocauste à l'autel ;
Leur existence est un long drame
Au dénoûment sombre, et leur âme
Brûle ce qu'ils ont de mortel.

Dans le vaste troupeau des hommes
Marchant, mais toujours isolé,
Le poëte, au siècle où nous sommes,
Hélas ! est comme l'exilé.
Nul ne partage ses alarmes,
A ses pleurs ne mêle de larmes
Et ne vient lui presser la main,
Nul à son aspect ne devine
Que d'une auréole divine
Son front peut resplendir demain.

(1) Les poésies d'Elisa Mercœur parurent sous la Restauration Patronée par Châteaubriant, elle obtint une pension sur la liste civile La Révolution de 1830 la lui fit perdre Elle mourut dans la détresse et toute jeune encore

Aspirant vers une autre sphère.
Altéré d'un bien qui le fuit,
Il souffre dans notre atmosphère
Où roulent des vagues de bruit.
S'il emprunte des ailes d'ange,
Pour se dérober à la fange
Que partout remueraient ses pas.
Des cieux où son âme est ravie
Les soins si pesants de la vie
Le font retomber ici-bas.

Et sous le sceau de la souffrance
Ses traits pâlissent par degrés ;
Et le prisme de l'espérance
Se voile à ses yeux égarés ;
Et de débris de toutes sortes
Il voit ses illusions mortes
Joncher le sol de l'avenir,
Comme autour du tronc solitaire.
L'automne entasse sur la terre
Les feuilles qu'il a fait jaunir

Répondront-ils à sa détresse,
Ces adorateurs de Mammon,
Qui de l'or, dont la soif les presse,
Ont divinisé le démon ?
Leur pitié soulagera-t-elle
Le mal, dont l'attente mortelle
Rend son désespoir si touchant ?
Comprendront-ils, dans leur délire,
Les sons funèbres de sa lyre,
L'angoisse de son dernier chant ?

Qu'il meure !. . de son agonie,
Alors on plaindra les douleurs ;
Il faut son posthume génie
Pour faire croire à ses malheurs !
Aussi, pourquoi sa voix suprême,
Appelait-elle l'anathême
Sur ces favoris du hasard ?
Un jour, sans doute, sur leur tête
Il eût, au milieu d'une fête,
Tracé l'arrêt de Balthazard.

Est-ce donc que souillant le monde,
L'égoïsme, comme un poison,
Ait soufflé son haleine immonde
Aux quatre points de l'horizon ?
Est-ce donc que la poésie,
Comme la sultane d'Asie
Qui fuit, des larmes dans les yeux,
Ait dit aux enfants de la terre
L'adieu qu'on dit avec mystère ;
Et puis soit remontée aux cieux ?

Hélas ! dans leur soif imprudente
Qui dorait la coupe du sort,
Que de Gilbert à l'âme ardente,
N'ont pour nectar bu que la mort !
Au sombre appel du suicide,
Combien d'une vie insipide
Ont rejeté le lourd fardeau !
Oh ! combien, sans qu'on les comprenne,
Sans qu'un bras leur ouvre l'arène,
Souffrent derrière le rideau !

A genoux, poètes, mes frères,
Tressez des couronnes de fleurs...
Mêlez vos strophes funéraires
Aux soupirs de ma muse en pleurs.
S'il ne se peut que d'Hégésippe (1),
Le fatal sommeil se dissipe
A ces regrets partis du cœur,
De lauriers ombrageons sa tombe,
Et qu'une amère larme tombe
Sur celle d'Élisa Mercœur

Est-ce bien dans ce siècle, ô toi que j'ai nommée,
Dans ce siècle où, dit-on, chacun trouve son pain,
Que, près de voir grandir ta jeune renommée,
    Toi, tu mourus presque de faim?

Oh! ce n'est que trop vrai! Sur ton lit mortuaire,
Il me semble te voir quand ton regard fiévreux,
Comme un flambeau nocturne au fond du sanctuaire,
    Éclairait tes traits douloureux

Que de déceptions avaient brisé ton âme !
Que de songes flétris ! que d'espoirs avortés ?
De quels maux le destin avait tissé la trame
    Des jours que Dieu t'avait comptés !

Tu n'avais entrevu qu'un horizon sans borne....
Quel brillant avenir ta jeunesse rêvait!
Et c'était le malheur qui, comme un spectre morne,
    S'était assis à ton chevet !

Au pied de l'échafaud, montrant son front qu'il touche,
Chénier dit : Je sens là quelque chose, pourtant! .
Sous les humbles rideaux de ta funèbre couche,
    Toi, tu devais en dire autant

(1) Hégésippe Moreau

Dans tes derniers regards ton âme était passée :
Les regrets, la douleur, tout s'y réfléchissait,
Et les anxiétés qui mordaient ta pensée,
    Et l'angoisse qui t'oppressait.

Sur ton sein se croisaient tes deux mains amaigries,
Ton cou sur l'oreiller s'affaissait languissant,
Et sur ton pâle front de sombres rêveries
    Jetaient leurs ombres en passant.

C'en était fait, hélas! à quelque heureux symptôme
L'espoir ne pouvait plus rallumer son flambeau.
On eût dit, à te voir, d'un triste et blanc fantôme,
    Qu'on cisèle pour un tombeau.

Ta bouche était fermée à toute plainte amère,
Mais, dans un mal affreux, ton cœur se déchirait,
Quand, près de son enfant, pleurait ta pauvre mère,
    Ta mère, hélas! qui t'adorait!

Tu lui montrais le ciel où tu devais l'attendre,
Où les infortunés se donnent rendez-vous ;
Et, comme les adieux que murmure un cœur tendre,
    Ton sourire était triste et doux

    — Jetez vos lyres méprisées,
  Poètes! plus de chants perdus,
  Vos chants à travers les risées
  A peine seraient entendus.
  Ne voyez-vous pas que la foule,
  Emportant les dieux, dans sa houle,
  Ouvre au veau d'or le Parthénon ;
  Que la Muse est comme l'aurore,
  Qui n'entend plus d'écho sonore
  Sortir des lèvres de Memnon

— Étouffez cette flamme occulte
Qui brille en éclairs dans vos yeux ;
Consacrez-vous au nouveau culte :
Qu'importe ! Adorez les faux dieux.
A quoi bon chanter dans le vide?
De sacs d'écus, d'honneurs avide,
Le siècle est froid et positif.
Contre le poison qui le ronge
Votre voix, plus vaine qu'un songe,
Ne saurait être un réactif. —

A ces conseils pusillanimes,
Descendrons-nous des saints trépieds ?
Tout fiévreux d'élans magnanimes,
Foulerons-nous nos luths aux pieds?
Oh ! jamais cette ignominie !
Jamais cette insulte au génie !
Pour nous, poétiques soldats,
Par l'infortune ou par l'outrage.
Dût s'expier notre courage !
La gloire est le prix des combats. .

Il nous reste une noble tâche.
Que l'iambe de son fer chaud
Marque cet égoïsme lâche
Que je vois passer le front haut !
Meure aussi cette indifférence
Qui fut sourde aux cris de souffrance,
Aux accords touchants d'Élisa !
Et, pour en réchauffer les âmes,
Dans nos seins ravivons les flammes
Du feu sacré qui l'embrasa !.

ROLLIN.
Capitaine au 10e Dragons

L'OISEAU DU NORD

L'oiseau du Nord quitte son vieux rocher
En gémissant il entr'ouvre ses ailes :
« Adieu, dit-il, ô glaces éternelles,
Dont le pêcheur frémissait d'approcher.
Sombres écueils, forêts au noir feuillage
Que dans mon vol j'effleurais chaque jour,
Je vous laisse tout mon amour,
En partant pour une autre plage. »

L'oiseau du Nord a traversé les mers ;
Il a du ciel presque touché la voûte,
La voix de Dieu le guidait dans sa route ;
Puis il descend, enfin, du haut des airs
Dans quel azur son aile s'est bercée !
Il voit des fleurs sous un ciel attiédi,
Toutes les douceurs du midi
Viennent enivrer sa pensée.

Oiseau du Nord, salut aux orangers,
Aux doux vallons, à la plaine odorante,
Aux flots si purs, à la nuit si brillante,
Aux horizons sans trouble et sans dangers !
« Route des airs qu'en tremblant j'ai suivie,
Que pour te prendre il m'a fallu d'effort !
Ainsi l'on redoute la mort
Qui doit nous conduire à la vie.

Aimé VINGTRINIER

FIN DU PREMIER VOLUME

TABLE DES MATIÈRES

DU PREMIER VOLUME

AVEC LES NOMS ET RESIDENCES DES AUTEURS.

Audouit (Edmond), à Lyon
Souvenir d'enfance.................... 159

Ballyat (Sophie), à Lyon.
Au poète Reboul 5
Jura et Mont-d'Or................... 68
La jeune Econome................... 160
La Mère.................................. 173
Souhaits................................. 209
Mon Village............................ 265

Baralle (Alphonse), à Paris.
Les OEufs de Pâques................. 93
Le Chant du jour, ode rustique. (Par erreur typographique, cette pièce est signée *François* Baralle ; lisez *Alphonse* Baralle).. 252

Barateau (Emile), à Paris.
Ténor et Prima Donna................ 94
La Charité............................... 187

Barraguey (Sid.), à Paris.
Rêverie................................... 261

Beauverie (J.-E.), à Lyon.
La Gloire................................. 9
Pouvoir de la Poésie................. 46
Le Réveil de l'âme.................... 235

Berlot-Chapuit (L), à Villefranche (Rhône).
Le Rossignol et le Chêne............ 121
Le Sultan et la Mouche.............. 174
Le Dahlia................................. 225

Besse-des-Larzes, a Lyon.
Hymne à l'Homme-Dieu 55
Blain (Claudius), à Lyon.
A mon petit Filleul............................. 230
Bouclier, à Lyon.
Le Nomade. 19
A un Enfant 36
Acte de Foi.................................... 151
Epître d'un étudiant à la veille des vacances... 204
Bouvet (L.), à Lyon.
La Renoncule, à mademoiselle H. N.............. 263
Carsignol (Joseph), à Bourg-Saint-Andéol
A ma Filleule, Marie-Elisabeth-Joséphine de Balestrier...... 26
Le Scapulaire.................................. 75
Charny (vicomte de), à Charny (Yonne)
L'Amateur et le Buste.......................... 203
Mélancolie..................................... 275
Chavanne (Alexis), à Lyon.
Sur la première page d'un Album................ 37
Chervin aîné, à Lyon.
Enfant, aimes-tu bien ?........................ 20
Hommage à Mesdames les Sociétaires de l'OEuvre du Petit Saint-Jean-Baptiste............................. 63
Chante, mon bel oiseau !....................... 189
Le Deux Novembre, méditation................... 219
Constantin (Marc), à Paris.
L'astre de Charles-Quint, ou la Comète de 1857.. 110
Les Chaines, fantaisie......................... 166
Cosnard (Alexandre), à Paris.
Etoiles et Fleurs.............................. 122
Fleurs hâtives, sonnet......................... 168
Cotinot, à Paris.
Les Oisillons.................................. 210
Daclin (Karl), à Paris
A Madame Ancelot.............................. 139

Le Paon et le Dindon.	197
A une jeune Fille.	268

Darmet (J.), à Lyon.

La bonne Mère.	61
Sur la mort de ma sœur.	224

Daviot (Félix), à Lyon.

Notre-Dame de Fourvière, à madame Servan de Sugny	179

Delamare (Prosper), à Paris.

Un homme mal jugé, lettre.	164
L'Ami de collége, lettre.	180
L'Etrenne au Pasteur.	243

Delteil (Emile), à Paris.

Qui donc es-tu ?	154
Le Paysan et le Pommier.	239
La Fée du Lac.	271

Deschamps (Emile), à Paris

Stances.	49
Apologue.	145

Devert (Charles), à Lyon

Paraphrase de la Salutation Angélique.	25
Aimer Dieu.	61
La Résurrection de Jésus-Christ (imité de la prose Immolatur Pascha novum).	87
Les illusions envolées.	132
Hymne à Marie, imitation libre de l'Ave, Maris stella.	182
La Blanche étoile.	229

Dubois (Paul), à Lyon.

Le Canari et la Fauvette. Souvenir du petit séminaire de Valence.	43
Le Papillon de février.	65

Finck (Adolphe), à Paris.

Le Torrent et le Ruisseau.	217

Flan (Alexandre), à Paris

L'Etincelle et la Goutte d'eau	114
Frappez, et l'on vous ouvrira.	134
Sur la Colline, rêverie	156

La Muse des Familles............	169
Cauchemar[11]................	221

Gébauer (Ernest), à Paris.

Laudamus, Dominum.....................	198

Genton (Adèle), à Montélimart (Drôme)

La Violette du cimetière (à la tombe de S. D. E.)........	100
Être aimé.....................	201

Gontier (Léon), à Hauterive (Drôme)

Au Grillon qui chante à mon foyer.................	252

Guérin (Alexandre), à Paris.

Pâques ! OEufs de Pâques. A ceux que j'aimais..........	149
Le Saule pleureur et la Tombe...................	209
Le Christ.....................	266

Guérin de Litteau (Hipp.), à Paris.

La Folle aux cailloux................	105
Le Prêtre de village.....................	242

Gravillon (Arthur de), à Lyon

Sursum corda.....................	21
Ce que deviennent les larmes	59

B. (H.), à Beaurepaire (Isère).

Le Lis et la Violette....................	22

Jantet (Clotilde), à Lyon.

Le Grangeon.....................	270

Juillerat (Paul), à Paris

Les Funérailles d'un oiseau....................	117
La Poésie est sainte. A Emile Deschamps.............	123
La Parole.....................	226

Lange, à Pellegru (Gironde)

La Mare et le Ruisseau................	248

Le Duc (Philibert), à Bourg (Ain).

La Jeunesse.....................	8
Parce Domine.....................	109
Le Ciel agite.....................	141

Mallerange (Elise), à Paris

Seul au monde.....................	184

Martin (Jules), a Pont-de-Vaux (Ain).
L'Immaculée Conception........................... 229

Michel (Charles), à Lyon.
Les deux Rats................................... 115

Mimaud, à Pellegru (Gironde).
L'Abeille et le Papillon........................ 259

Monavon (Gabriel), à Bourgoin (Isère).
Le Don des larmes............................... 7
La Chanson du feuillage......................... 58
Chant de Cymodocée (imitation de Châteaubriand).. 53
Elcy, légende du mois de mai.................... 111
Illusion.. 190
La Sœur de charité.............................. 193
Le bon Ange Gardien, romance.................... 222
Le Sourire de la jeune Fille.................... 245

Plouvier (Edouard), a Paris.
Sonnet.. 73
Le plus pur Amour............................... 127
Les quatre âges de la Foi....................... 199

Poulain (Hippolyte), à Paris.
Le Soleil et le Paresseux, fable................ 191

Pourrat, à Ebreuil (Allier).
Un Rêve de mon enfant........................... 212

Rabeyrin (Gaspard), à Lyon.
Ma Couronne de Poète............................ 246

Rénal (Cl.-Ant.), à Fontaine-sur-Saône (Rhône)
Le Nom de Marie (souvenir de la loterie de Notre-Dame de Fourvière, Lyon, 1857)........... 97
Notre-Dame des Pêcheurs......................... 153
Auprès d'un Berceau............................. 260

Reymond (N.), à Lyon.
La Tourterelle et son Fils...................... 223
A un Nuage...................................... 275

Rollin, a Lyon.
Elisa Mercœur................................... 276

Rousset (Alexis), à Lyon
La Paresse et la Misère, légende 142

Saint-Olive (Paul), à Lyon.
Rome (fragment d'une satire inédite) 57
Aux Jeunes Gens....................................... 91
Aux Jeunes Filles..................................... 102
Ces Messieurs 135
Ces Dames... 162
Ils sont vieux 171
Elles sont vieilles................................... 214

Solary, à Lyon.
A une petite fille de 5 ans 42

Soulary (Joséphin), à Lyon.
Le Sonneur 219
Regrets éternels !!!.................................. 241

Tourte (Francis), à Paris.
La Voix des Bois 86
Deux petits Frères.................................... 143
Dormez, petits cœurs.................................. 152
Le Ruisseau... 175
La Vierge au Ruisseau................................. 238

Vial (Jenny), à Toulouse (Haute-Garonne)
Beauté, esprit et cœur. A mademoiselle J. P. 138

Vignat (A.), à Lyon.
La Tombée des Feuilles, ou la Jeune Fille mourante ... 250

Vingtrinier (Aimé), à Lyon
La Harpe de David 17
Ce qui vaut mieux 55
A une jeune fille du Bugey qui m'avait adressé des vers 146
La Jeune Fille et le Ruisseau......................... 202
L'oiseau du Nord...................................... 282

Volle (Adrien), à Lyon.
Petits oiseaux 107

FIN DE LA TABLE DU PREMIER VOLUME.

Lyon — Imprimerie d'Aimé Vingtrinier quai Saint-Antoine, 36

www.ingramcontent.com/pod-product-compliance
Lightning Source LLC
Chambersburg PA
CBHW050647170426
43200CB00008B/1188